PETER WAGNER

# ’N SYNC

## Crazy For You

*Buch*

Justin, Lance, JC, Chris und Joey sind fünf gute Freunde aus Orlando in Florida, die neben vielen Gemeinsamkeiten vor allem eines verbindet: ihr unglaubliches Talent. Sie alle haben wunderschöne Stimmen, sind begnadete Tänzer und Entertainer. Und sie sind nach Deutschland gekommen, um ihren Konkurrenten von Caught In The Act bis Backstreet Boys das Fürchten zu lehren. Mit Erfolg: Binnen weniger Wochen sangen und tanzten sich die fünf hübschen Boys in Hunderttausende Mädchenherzen, stürmten mit allen vier Singles und dem Album auf Top Ten-Positionen in den Charts und spielten zwei frenetisch gefeierte Tourneen.

Doch wer genau sind diese Boys, wie leben sie privat, was denken sie über die Liebe, wie finden sie die deutschen Fans und was ist das Geheimnis ihres Erfolgs? Der Autor Peter Wagner begleitete 'N SYNC mehrere Wochen auf Tournee und dokumentierte jeden Tag ihrer unglaublichen Karriere.

*Autor*

Peter Wagner lebt und arbeitet als freier Musikjournalist in Hamburg. Als ehemaliger stellvertretender Chefredakteur einer Musikzeitschrift und Autor unzähliger Interviews, Storys und Hintergrundberichte ist er einer der bestinformierten Beobachter der internationalen Rock- und Pop-Szene.

*Als Pop-Biographien sind im Goldmann Verlag erschienen:*

Backstreet Boys (43727) von Pauline Gellert
Bon Jovi (42851) von Alex Gernandt
Boyzone (43725) von Rob McGibbon
Caught in the Act (43627) von Michael Fuchs-Gamböck
Die Kelly Family (43260) von Peter Wendling
New Kids on the Block (41121) von Rob McGibbon
Oasis (43630) von Christian Seidl
Spice Girls (43924) von Rob McGibbon
Take That (42784) von Rob McGibbon
Tic Tac Toe (43992) von Adrian Brüder

Peter Wagner

# 'N SYNC

# Crazy for You

GOLDMANN

Originalausgabe

Die Zitate stammen, soweit nicht anders gekennzeichnet, aus eigenen Quellen, Beoibachtungen und Interviews sowie aus Artikeln in den Magazinen *BRAVO, PopRocky, Popcorn, Hit!, Star-Poster, Spiegel* und *Stern.*

*Umwelthinweis:*
Alle bedruckten Materialien dieses Taschenbuches sind chlorfrei und umweltschonend.

Der Goldmann Verlag
ist ein Unternehmen der Verlagsgruppe Bertelsmann

Originalausgabe November 1997

Umschlaggestaltung: Design Team München
Umschlagfoto: Fryderyc Grabowicz/BMG Ariola
Satz: All-Star-Type Hilse, München
Druck: Presse-Druck Augsburg
Verlagsnummer: 44062
Lektorat: Frauke Brodd
Layout: Martin Strohkendl
Herstellung: Sebastian Strohmaier
Made in Germany
ISBN 3-442-44062-9

1 3 5 7 9 10 8 6 4 2

# Inhalt

# Here We Go

## Die Blitzkarriere der fünf Boys aus Orlando

»Juuuuuustiiiin!!!« kreischt es aus unzähligen, heiser gebrüllten Mädchenkehlen. Selbst das 50.000-Watt-Soundsystem, das für 'N SYNC in der Hannoveraner »Music Hall« aufgebaut wurde, kommt gegen den Jubelorkan der Fans kaum an. »Justin« ist auch das letzte Wort, das Janine (12) aus Großburgwedel noch herausbringt, bevor sie das Bewußtsein verliert. Mit Tausenden kleiner bunter Sternchen vor Augen sinkt sie kopfüber in die starken Arme der wachsamen Ordner jenseits der Bühnenabsperrung. Kurz darauf wacht sie unter der Sauerstoffmaske der Sanitäter hinter der Bühne wieder auf, nach einer zehnminütigen Verschnaufpause bringt ein Security-Mann Janine in die Halle zurück. Jetzt steht sie traurig am Rand der Fanmassen – zu ihrem bitter erkämpften Platz ganz vorne vor der Bühne wird sie sich heute nicht mehr durchdrängeln können. Doch im Grunde ihres Herzens ist sie überglücklich, denn sie hatte endlich ihren Lieblings-'N SYNC Justin, mit 15 das Nesthäkchen der zu diesem Zeitpunkt noch kaum bekannten Gruppe, leibhaftig vor sich gesehen.

November 1996: Im Vorprogramm von DJ Bobo erobern 'N SYNC mit ihrem Hit »I Want You Back« nicht nur Hannover im Sturm. Im Laufe dieser Debüt-Tournee sprechen sich die Qualitäten der neuen Boygroup blitzschnell herum, und immer mehr Fans werden bei den Auftritten gesichtet, die nach dem Konzert der Vorgruppe eher gelangweilt von der Saalmitte aus dem eigentlichen Headliner – DJ Bobo – zuhören. Auch die erste Single bricht alle Rekorde: Nur 74 Tage nach Unterzeichnung des Plattenvertrages kommt »I Want You Back« in die Charts und hält sich anschließend wochenlang in den Top Ten. Die Firma »media control«, zuständig für die Ermittlung der Hitlisten, meldet: »Seit Beginn der Chartgeschichte 1958 ist ›I Want You Back‹ die am schnellsten eingechartete, nicht rundfunkbeworbene Debütsingle eines Newcomer-Acts.«

»Ohne Rundfunkwerbung« heißt natürlich nicht, daß der Song, bevor er im Laden zu haben war, nie im Radio lief. Etliche Musikredakteure hatten vorab Test-CDs bekommen und waren von der neuen Gruppe so begeistert, daß sie blind – ohne die Jungs selbst oder zumindest ein Video gesehen zu haben – »I Want You Back« in ihren Sendern rauf und runter spielten. Bereits 103mal lief die Single in der Woche, bevor sie in die Läden kam. Kurz darauf war »I Want You Back« in Deutschland bis zu 438mal pro Woche im Radio zu hören. Die Medienleute waren sich einig: Toller Song, interpretiert von fünf neuen Supertalenten aus Florida. »'N SYNC waren schon Stars«, schrieb sogar das Hamburger Magazin *Stern* im Rahmen eines eher kritischen Boygroup-Artikels, »bevor eine einzige Platte erschienen war.«

Die Erfolgsgeschichte von Justin, Lance, JC, Chris und Joey beginnt in Orlando, in jener Stadt in Florida, in der fast das ganze Jahr die Sonne auf die langen Strände der amerikanischen Ostküste scheint. Genauer gesagt beginnt sie bei der Sendung mit der Maus: »Mickey Mouse Club« ist eine täglich ausgestrahlte Fernsehshow, die in den MGM-Studios in Orlando produziert wird. Der »Club« gilt als eine der beliebtesten Kindersendungen Amerikas, weil er von Kids für Kids gemacht wird. Schon achtjährige Unterhaltungstalente stehen dort vor der Kamera und singen, tanzen oder spielen lustige Sketche. Mit ihrem 18. Geburtstag müssen sie jeweils jüngeren Nachfolgern Platz machen. Kein Wunder, daß die Jobs in dieser Sendung die begehrtesten Engagements für junge Entertainment-Talente im ganzen Land sind. Einmal pro Jahr ist der große Tag für die Neulinge: Bis zu 9.000 Bewerber werden zum Casting (Aufnahmeprüfung mit Vorspielen) nach Orlando eingeladen – für höchstens drei zu besetzende Jobs!

Im September 1989 las Karen Chasez in der Zeitung eine Anzeige, in der die MGM-Studios junge Schauspieltalente für einen geplanten Kinderfilm suchten. Ihr Sohn Joshua war zwar erst 13, doch Karen wußte, daß er das Zeug zu einer ganz großen Entertainment-Karriere hatte. Sie flog mit ihm nach Orlando zum Casting. Dort erlebten sie zunächst eine bittere Enttäuschung: MGM hatten zwei Rollen zu besetzen, aber Joshua war für die eine zu alt und für die andere zu jung. Die Produzenten empfahlen Karen und Joshua, es ein paar Studios weiter beim »Mickey Mouse Club« zu versuchen. Dort lief tatsächlich gerade die Endausscheidung: 5.000 Kids aus ganz Amerika buhlten um drei offene Entertainer-Jobs für die Show. »Ich weiß bis heute nicht, was den Ausschlag gegeben hat«, erinnert sich Joshua, den inzwischen alle nur noch unter seinem Spitznamen JC kennen. »Vielleicht lag es daran, daß ich beim Vorspielen überhaupt kein Lampenfieber hatte. Ich sang, tanzte und spielte vor der Kamera völlig unbefangen – so als hätte ich nie etwas anderes gemacht.« JC und Karen flogen mit einem recht guten Gefühl wieder heim nach Bowie (Maryland), an einen Erfolg wollten beide dennoch nicht glauben. Trotzdem zuckten sie in den folgenden drei Wochen jedes Mal, wenn das Telefon klingelte, zusammen. Endlich kam der erlösende Anruf – JC hatte den Job!

Roy Chasez, JCs Vater, arbeitete damals in einem hochangesehenen Team als Computerspezialist für die amerikanische Regierung. Er freute sich sehr über die gute Nachricht aus Florida und bat schon am nächsten Tag um eine Versetzung. Wenige Wochen später zogen die beiden nach Orlando. Die Produzenten des »Mickey Mouse Club« mußten ihre Entscheidung, JC zu engagieren, keine Sekunde lang bereuen: Innerhalb eines Jahres mauserte sich der schlaksige Junge mit der Superstimme zu einem der beliebtesten Jung-Stars der Show und bekam körbeweise Fanpost aus dem ganzen Land. MGM gelten in den USA auch deshalb als die beste Schmiede für junge Talente, weil man dort nicht einfach nur junge Entertainer verheizt, um die Einschaltquoten hochzutreiben, sondern den Nachwuchs nach allen Re-

Justin und seine Gitarre; © Fryderyk Gabowicz/BMG Ariola

geln der Unterhaltungskunst ausbildet. JC und seine Kollegen durften zwar vor der Kamera fast alles machen, worauf sie gerade Lust hatten. Zwischen den Sendungen jedoch wurden sie von professionellen Tanzlehrern, Choreographen, Sprechtrainern und erfahrenen TV-Unterhaltern geschult. Eine Ausbildung, die für JC und seinen Part bei 'N SYNC die bestmögliche Grundlage schuf.

Einige Zeit nach seiner ersten Sendung kam ein neuer Junge in JCs Team beim »Mickey Mouse Club«, der (wie damals Joshua) die Produzenten bei einem Casting voll überzeugen konnte – Justin Randall Timberlake. »Justin war erst zwölf Jahre alt, aber er hatte ein unglaubliches Talent und versprühte einen riesigen Charme«, denkt JC an das erste Treffen mit seinem neuen Kollegen zurück.

»Wir wurden bald ein unschlagbares Team und waren auch privat die dicksten Freunde.« Oft trafen sich die beiden nach der Studioarbeit in JCs Zimmer: »Ich hatte damals eine Gitarre und ein Keyboard. Justin konnte schon recht gut Gitarre spielen, und immer, wenn wir zusammensaßen und vor uns hinspielten, fielen uns sofort super Melodien ein.« Weil Justin und JC darüber hinaus damals auch schon recht gute Sänger waren, erlaubten die MGM-Regisseure den beiden, in ihren Sendungen selbstkomponierte Songs vorzutragen. Die Gesangseinlagen des Duos waren innerhalb kurzer Zeit bei den jungen Zuschauern so beliebt, daß sich in den Fanbriefen Anfragen häuften, ob man die Musik auch auf Platte kaufen könne. JC: »MGM hat dann ein Plattenstudio für uns gebucht, und es erschien eine CD von uns. Das war eine sehr wichtige Erfahrung – als wir später mit 'N SYNC das erste Mal im Studio standen, wußten wir sofort, worauf es ankommt.«

Das wußten damals auch zwei andere junge Showtalente: In den Universal Studios, ein paar Blocks von MGM entfernt, arbeiteten Joseph »Joey« Anthony Fatone Jr. und Christopher »Chris« Alan Kirkpatrick. Chris war wegen seiner perfekt ausgebildeten Tenorstimme und seiner tänzerischen Fähigkeiten für das Musical »Hollywood High Tones« ausgewählt worden. Das ist eine Live-Show, in der klassische US-Hits der Fünfziger Jahre, unterstützt von vielen Tanzeinlagen, für die Fernsehkameras gesungen werden. Joey jobbte zur gleichen Zeit ein paar Studiohallen weiter als Grusel-Darsteller für die Show »Beetlejuice Graveyard Revue«. Auch Joey, der zuvor schon in einigen TV-Serien und bei dem Film »Es war einmal in Amerika« mitgespielt hatte, interpretierte in dieser Show alte Hits aus Amerika, allerdings in einer sehr witzigen Inszenicrung: »Wir sangen diese bekannten Songs, trugen dazu aber Horror-Kostüme von Dracula bis Frankenstein. Das war eine prima Vorbereitung für unsere aufwendigen Tanzshows bei 'N SYNC: Ich schlüpfte in diese irren Kostüme und mußte in dem heißen Licht der vielen Scheinwerfer waghalsige Tanzeinlagen vorführen.«

Im Sommer 1994 hatte JC die Altersgrenze des »Mickey Mouse Club« erreicht und mußte sich nach einem neuen Job umsehen. Er hatte eine Idee: »Ich konnte singen, tanzen und schauspielern. Für das Fernsehen hatte ich lange genug gearbeitet, und ich wollte irgendwas mit Gleichgesinnten aufziehen. Eine Popgruppe, bei der alle Mitglieder genauso gut singen wie tanzen können.« JC erzählte zuerst Justin von seiner Idee – und der war hellauf begeistert. Gemeinsam überlegten sie, wer sonst noch für diese Gruppe in Frage komme. Wenige Tage später trafen sich vier Jungs an einem Hot Dog-Stand im Vergnügungspark »Pleasure Island« vor den Toren Orlandos – Justin, JC, Chris und Joey. »Es war total lustig«, lacht JC. »Als wir uns zum ersten Mal zu viert trafen, stellten wir fest, daß jeder die anderen über Umwege schon kannte. Chris und Joey kannten sich aus den Universal Studios, Justin und ich von MGM. Ich selbst hatte Joey irgendwann einmal nach seiner Horror-Show kennengelernt und auch Chris, den Joey zu unserem ersten Treffen mitbrachte, war für mich kein Unbekannter: Ich hatte ihn schon tausendmal gesehen – beim Skaten, in Clubs und in irgendwelchen Cafés.« Schon am nächsten Tag gingen sie zusammen in einen Proberaum und sangen ein paar alte Hits, die sie alle kannten. »Es hat sofort geklickt zwischen uns«, erinnert sich Justin. Joey pflichtet ihm bei: »Unsere Stimmen waren wie füreinander geschaffen. Wir mußten bei den ersten Proben kaum reden oder über Arrangements diskutieren. Die Verteilung der Stimmlagen ergab sich ganz von selbst. Wir mußten einfach nur drauflos singen, und es klang, als hätten wir das schon tausendmal geübt.«

Doch sie spürten, daß ihr Sound noch nicht ganz perfekt war. JC brachte eines Tages einen Kassettenrekorder mit zur Probe, den sie ein paar Songs lang mit gedrückter Aufnahmetaste mitlaufen ließen. Beim Anhören ihrer Musik fiel es ihnen wie Schuppen von den Augen. Alles klang super, nur eine tiefe Stimme, irgendwo zwischen Bariton und Baß, fehlte noch. JC wußte von seinem Gesanglehrer: »Jeder Stimme sind nach unten hin natürliche Grenzen gesetzt. Keiner von uns konnte in der ganz tiefen Tonlage singen. Also mußte ein fünfter Mann her, der unserem Sound das nötige Fundament liefert.« Zu diesem Zeitpunkt kannten die Jungs bereits ihren zukünftigen Manager Johnny Wright. »Wir hatten uns ein paarmal mit Johnny getroffen und wußten, daß er der richtige Mann für uns war. Er wollte uns auf jeden Fall managen und half uns auch bei der Suche nach einer tiefen Stimme.« Wright telefonierte eine Woche lang quer durch Amerika – ohne Erfolg. Junge Sänger mit ausgebildeter, tiefer Stimme sind auch in den USA rar, und die wenigen, die in Frage gekommen wären, konnten entweder nicht tanzen oder hatten bereits feste Engagements. Doch die vier Jungs verließen sich nicht allein auf Johnny und machten sich selbst auf die Suche. Justin erinnerte sich an seinen früheren Gesanglehrer in Memphis und rief ihn an: »Ihm fiel sofort ein Schüler aus Clinton ein. Er gab mir dessen Telefonnummer.« Justin wählte die Nummer und hatte gleich Lance am Apparat. Er erzählte ihm von der Band und lud ihn zu einer Probe nach Orlando ein. Lance überredete seine Mutter, mit ihm dort hinzufliegen. Schon die ersten Probeaufnahmen im Studio bestätigten: Man hatte den perfekten fünften Mann gefunden. JC: »Mit Lance war unser Sound komplett. Wir wollten ihn gar nicht mehr gehen lassen.« Lance zog, so schnell es ging, mit seinem Vater nach Orlando, denn alle – inklusive Johnny Wright – waren nun heiß darauf, eine erfolgreiche Gruppe aufzuziehen.

Kurz darauf saßen Justin, Lance, JC, Chris und Joey gemeinsam mit einem Teil der Eltern in einem italienischen Restaurant in Orlando und aßen Pizza. Alles war perfekt: Die Stimmen paßten zusammen, die ersten gemeinsamen Tanzschritte klappten prima, man verstand sich untereinander hervorragend, und sie hatten einen der besten Manager, den man sich vorstellen kann. Nur eines fehlte noch – ein Name für die Band. Aus Orlando kannten sie einige Mitglieder der Backstreet Boys und hatten keine Lust, das Wort »Boys« in ihrem Bandnamen vorkommen zu lassen. Aber sie hatten ein Schlagwort, das bei ihren Proben und gemeinsamen Unternehmungen immer wieder fiel: »in sync« – damit brachten sie ihr Gefühl auf den Punkt, toll zusammenzupassen, miteinander synchron zu sein. Justins Mutter hörte, wie das Wort auch an diesem Abend zwischen zwei Bissen Salamipizza wieder fiel und bemerkte lapidar: »Nennt euch doch so!« Sie schrieben das Wort auf eine Serviette, strichen den ersten Buchstaben weg und schüttelten alle den Kopf – was da stand, setzte sich aus den jeweils letzten Buchstaben ihrer Vornamen zusammen: JustiN, ChriS , JoeY, LanstoN und JC. Doch Joey glaubt nicht an Zufälle: »Seit dem ersten Treffen wußten wir, daß uns das Schicksal zusammengeführt hat.«

Von nun an ging's bergauf. In Raketengeschwindigkeit: Nach drei Wochen schon hatten die fünf Multitalente im Proberaum die ersten Songs samt dazugehöriger Choreographie eingeübt und ihrem Manager gezeigt, was sie drauf haben. Johnny Wright war beeindruckt: »Wir – mein Partner Lou und ich – haben uns als Ziel gesetzt, eine Heimat für große Talente zu sein. Wir wollen Motown der Neunziger Jahre werden.« Die Plattenfirma Motown Records war in den Fünfziger und Sechziger Jahren der berühmteste Hort amerikanischer Soul-Superstars. »Seit ich diese Jungs das erste Mal gesehen und singen gehört habe, wußte ich, daß sie das Zeug zu Weltstars haben.« Johnny buchte ein Plattenstudio, in dem Justin, Lance, JC, Chris und Joey drei Demo-Songs aufnahmen, und er filmte die Jungs im Proberaum beim Tanzen mit seiner Videokamera. Wright wußte aus seiner Zeit als US-Manager des deutschen Dance-Projekts SNAP!, daß es in Deutschland extrem viele Fans gibt, die

**Am 4.8.96 unterzeichnen den 'N SYNC-Plattenvertrag: Johnny Wright, Lou Pearlman, Andreas von Oertzen und Jan Bolz (v.l.) © Foto: privat**

für neue Bands sehr offen sind. Und er hatte gute Erfahrungen damit gemacht, die Karriere der Backstreet Boys in Deutschland zu starten. Also lud er als erstes einen alten Bekannten nach Florida ein: Jan Bolz, stellvertretender Geschäftsführer der Münchner Plattenfirma BMG Ariola, den Johnny von der gemeinsamen Arbeit mit den Backstreet Boys her kannte. Bolz ließ sich nicht lange bitten: »Johnny Wright hat uns im Frühsommer nach Orlando eingeladen. Wir fuhren in eine alte Lagerhalle, in der eine kleine Bühne aufgebaut war. Die Luft war zum Schneiden dick in der Halle, es hatte mindestens 40 Grad. Und dann kamen diese fünf Jungs auf die Bühne, sangen ohne Instrumentalbegleitung einige Songs und tanzten dazu. Man konnte sofort spüren: Da brodelt irgendwas. Damals gab es eigentlich nur die Stimmen, aber noch keine Single und noch keine richtige Choreographie.« Obwohl Jan Bolz weiß, »daß keiner in der Branche Fledermausohren hat«, merkte er sofort, daß er in dieser Halle in Orlando einen unglaublich talentierten Haufen junger Entertainer entdeckt hatte. Es waren Sekunden, in denen hier über Millionen von Mark, Weltkarrieren und das Schicksal von fünf ambitionierten amerikanischen Jungs entschieden wurde: »Im nachhinein war die Entscheidung, die Jungs unter Vertrag zu nehmen, natürlich richtig«, erinnert sich Bolz. »Aber wenn man dort sitzt und innerhalb einer Minute über Marketingetats von mehr als einer Million Mark entscheidet, dann ist das schon ein prickelnder Moment.« Ein Moment, für den ihm Hunderttausende deutscher 'N SYNC-Fans danken, denn im Frühjahr 1996 war man in der Branche sehr skeptisch, ob es überhaupt noch Platz für eine weitere Boygroup gibt. Was vor Jahren mit New Kids On The Block begann und von Take That und East 17 fortgesetzt wurde, hatte sich inzwischen von einer Modewelle zu einer wahren Sturmflut emporgeschaukelt. Gruppen wie die Backstreet Boys, Caught In The Act, Worlds Apart oder Boyzone hatten Millionen von Mädchenherzen erobert und den Plattenfirmen große Umsatzzuwächse beschert. Innerhalb eines Jahres setzte zum Beispiel die BMG Ariola mit den Backstreet Boys rund 25 Millionen Mark um – bis der Konzern im Herbst 1996 nach einem Vertriebswechsel des amerikanischen Backstreet Boys-Labels die Band verlor. »Viele Skeptiker meinten, der Erfolg der Backstreet Boys sei nicht wiederholbar«, lacht Jan Bolz heute über die Bedenken, die er hören mußte, bevor er am 4. August sein Autogramm neben die Unterschriften von Johnny Wright und dessen Partner Lou Pearlman auf den Plattenvertrag für 'N SYNC setzte. Den »Skeptikern« blieb jedoch schon bald das hämische Gerede im Hals stecken. Immerhin standen fünf weitere Namen unter dem Plattenvertrag: Justin, Lance, JC, Chris und Joey. Die fünf 'N SYNCs wußten, daß ihre große Chance gekommen war, und drehten von nun an voll auf. Nur wenige Monate später wußten alle (die Branche, die Medien und vor allem die Fans), daß man 'N SYNC »Insink« ausspricht, und daß dieser Name weit mehr bedeutet als einfach nur eine weitere Boygroup aus Orlando. Das wollen andere junge Bands zwar auch nicht sein, aber bei vielen Boygroups ist es auf Dauer kaum zu übersehen, daß sie eher aus optischen denn aus musikalischen Gesichtspunkten zusammengestellt wurden. TV-Insider erzählen bei solchen Gelegenheiten immer wieder gerne die Geschichte von Bed & Breakfast, die ihre Teilnahme an einer wichtigen deutschen Fernsehshow (5 Mio. Zuschauer) kurzfristig absagen mußte, als die Redaktion darauf bestand, daß das Trio live zum Instrumental-Playback singen müsse.

Als Justin, Lance, JC, Chris und Joey Ende August 1996 zum ersten Mal nach Deutschland kamen, wunderten sie sich zunächst, hierzulande als neue Boygroup angekündigt worden zu sein. Diesen Begriff gab es in Amerika noch nicht, und JC wußte »am Anfang gar nicht, was eine Boygroup ist. Wir wurden nach unserem ersten Auftritt im August auf der *PopRocky*-Sommerparty in München von sehr vielen Mädchen um Autogramme gebeten. Wir dachten: ›Gut – wir sind fünf Jungs und haben vor allem weibliche Fans, also müssen wir eine Boygroup sein.‹ Bevor wir nach Deutschland kamen, waren wir nach unserem Verständnis eine junge Popgruppe mit starken Rhythm & Blues-Einflüssen, die fünfstimmig singt und dazu tanzt.« Auch Johnny Wrights Partner in der gemeinsamen Firma »Trans Continental Records«, Lou Pearlman, hatte nicht vor, 'N SYNC in die europäische Boygroup-Schublade zu stecken: »Viele Gruppen, die als Boygroups vermarktet werden, sehen nur gut aus, können aber nicht singen«, erklärt Lou, der vor zwei Jahren von seinem Cousin Art Garfunkel (von dem legendären Pop-Duo Simon & Garfunkel) auf die Idee gebracht worden war, sein Geld in junge Popgruppen zu investieren. Geld, das er vor allem mit Flugzeugen verdiente: Pearlman ist Inhaber eines megaerfolgreichen Hubschrauber-Flugdienstes in Amerika, ihm gehören 90 Prozent aller Werbezeppeline der USA und weitere 49 Flugzeuge bis hin zum Jumbo-Jet. Für Lou, der selbst recht gut Gitarre spielen kann, war es wichtig, ein musikalisches Gegengewicht zu der damals in den USA weitverbreiteten Sorte ungepflegter Grunge-Rocker zu setzen, die seiner Meinung nach mit ihren schlimmen Unarten wie Drogenmißbrauch oder Gewaltausbrüche kein gutes Vorbild für die amerikanische Jugend abgeben: »Die Gruppen, mit denen ich arbeite, sollen für die Werte stehen, die unsere Gesellschaft vertritt. Das ist gut für die Kids, gut für die Fans – und die Eltern finden es auch gut. Welcher Vater oder welche Mutter sieht es schon gern, wenn ihr Kind jemanden bewundert, der seine Gitarre zerbricht, betrunken Auto fährt, Drogen nimmt oder schmutzig daherredet? Die Eltern sollen sagen können: Das sind gute Jungs. Mit jedem von denen kann ich meine Tochter ausgehen lassen.« Dafür aber braucht man Jungs, die von sich aus nett, zuvorkommend und ausgeglichen sind und denen man Exzesse nicht erst vertraglich verbieten muß: Jungs wie Justin, Lance, JC, Chris und Joey. »Es ist wirklich angenehm, mit ihnen zu arbeiten«, freut sich Jan Bolz. »Wenn man ihnen sagt: Morgen früh ist ein Foto-Shooting, kommt pünktlich und ausgeschlafen, dann kommen sie pünktlich und ausgeschlafen zu dem Termin. Sie arbeiten wirklich professionell und haben keine Probleme mit Alkohol, Drogen oder Mädels.«

Das »Problem« mit den Mädchen wird bei vielen Boygroups vertraglich geregelt: Die Musiker verpflichten sich, in der Öffentlichkeit zu behaupten, keine Freundin zu haben und sich auf keinen Fall mit irgendwelchen Mädchen erwischen zu lassen. »So einen Vertrag hätten wir nie unterschrieben«, stellt Joey klar. »Das wäre auch völliger Blödsinn – warum sollten wir uns vertraglich verpflichten, keine Freundinnen zu haben? Daß wir im Moment alle solo sind, ist unsere freiwillige Entscheidung.« Chris pflichtet ihm bei: »Selbst wenn ich ein Girlfriend haben wollte – wie sollte ich das machen? Wir sind jeden Tag in einer anderen Stadt oder einem anderen Land. Es wäre doch total gemein, in einer solchen Situation einem Mädchen den Kopf zu verdrehen, obwohl du weißt, daß du sie so gut wie nie sehen kannst.« Die Jungs mußten sich auch nicht vertraglich verpflichten, niemals in der Öffentlichkeit zu rauchen, zu fluchen, nie über Sex zu reden und immer, überall und ohne jede Ausnahme zu jedem nett zu sein. Solche Klauseln brauchen sie nicht, denn sie sind von sich aus strikte Nichtraucher, trinken nie Alkohol, sind höfliche, nette Menschen und schlagen nie schlimm über die Stränge. Trotzdem weiß man, welche Belastung so ein aufreibendes Star-Leben gerade für junge Persönlichkeiten sein kann. Deshalb wurde als einziger Sicherheitsparagraph in den 'N SYNC-Vertrag ein Passus eingebaut, in dem die Sache mit den Drogen geregelt ist: »Wenn die Band den Verdacht hat, daß einer von ihnen Drogen genommen hat«, verrät Justins Mutter Lynn, »ist dieses Bandmitglied vertraglich verpflichtet, sich umgehend einem medizinischen Drogentest zu unterziehen. Fällt der positiv aus, führt dies zu einer sofortigen Auflösung des Vertrages. Aber ich weiß, daß bei den meisten Bands Drogenprobleme vor allem dadurch entstehen, daß die Musiker sich innerhalb einer Band isoliert fühlen. Das wird bei 'N SYNC niemals der Fall sein, denn sie sind wirklich dicke Freunde und reden über alles. Das sind gute Jungs, die würden niemals Drogen nehmen. Die einzige ›Droge‹, die sie täglich brauchen, ist ihre Musik und der enge Kontakt zu ihren Fans.«

Eine weitere Droge – der Erfolg – ließ nicht lange auf sich warten. Nur wenige Tage, nachdem die Band am 4. August den Vertrag unterschrieben hatte, lief eine gigantische Promotion- und Marketingmaschine an. TV- und Rundfunk-Promoter starteten die ersten Rundrufe bei ihren »Medienpartnern« (die Redakteure der Sender), als

’N SYNC gerade dabei waren, die erste Single bei Denniz Pop in Schweden aufzunehmen. Gemeinsam mit seinem Partner Max Martin hatte Pop den Song »I Want You Back« zuvor als Demo produziert. Justin, Lance, JC, Chris und Joey hatten sich die Kassette angehört und waren völlig begeistert. Als sie dann in Stockholm in Pops Cheiron-Studio ankamen, kannten sie den Song bereits in- und auswendig. »Die Jungs haben an nur einem Nachmittag ihre Gesangparts komplett eingesungen«, erinnert sich Denniz, der so einen professionellen Haufen junger Sänger zuletzt mit den Backstreet Boys vor seinen Mikrofonen hatte. Pop, der mit Künstlern wie Dr. Alban oder Ace Of Base zu Weltruhm gekommen ist, sucht sich seine Klienten sehr genau aus: »Wir würden nie mit jemandem arbeiten, der nicht singen oder wenigstens rappen kann. Und diese Jungs singen sich wirklich das Herz aus der Brust.« Noch am selben Abend rief der Produzent bei der Plattenfirma in München an und spielte den Song über das Telefon vor. Hermann Kessler, Radio-Promoter bei der Plattenfirma, war bei dieser ungewöhnlichen Aktion dabei: »Ich versuchte gerade, die Funkredakteure auf ’N SYNC heiß zu machen, als die Band aus Schweden anrief und über das Handy den Rough Mix der Single rüberspielte. Ich schaltete den Lautsprecher ein, und so konnten die ersten Redakteure bereits über das Telefon etwas von der Musik mitbekommen.« Obwohl die Macher bei Radiostationen normalerweise erst einmal abwarten, ob eine Band neben einer Single auch ein komplettes Album auf die Beine stellen kann, schoben sie ’N SYNC sofort auf die besten Sendeplätze und spielten »I Want You Back« mehrmals täglich – Wochen bevor es die Single im Laden zu kaufen gab.

Auch die TV-Verantwortlichen waren gleich heiß auf 'N SYNC. »I Want You Back« kam ohne Probleme sofort auf die höchsten Rotationen bei VIVA und MTV. 'N SYNC wurden in ein gutes Dutzend TV-Shows wie »Menschen '96«, »Kinder-Wetten, daß«, »Junior-Jeopardy«, »Goldene Europa« oder »Sat 1 Silvester-Gala« eingeladen. »Im Moment haben sogar die Redakteure leichterer Unterhaltungsshows Lust, Boygroups in die Sendung zu nehmen«, erklärt Peschmann, »weil sie hoffen, damit gleichzeitig die kreischenden Teenies vor die Studiotür zu holen und so eine bessere Einschaltquote bei jüngeren Zuschauern zu erreichen.« Das bestreitet auch Mario Ziarno, Redakteur der ZDF-Samstagsshow »Chart Attack« nicht: »Wir hoffen, daß wir den Finger am Puls der Zeit und Acts in der Sendung haben, die später dann groß durchstarten.« Während er das sagt, starten 'N SYNC in der Mannheimer Großdisco »Rainbow« gerade mit den Proben für ihren »Chart Attack«-Auftritt durch. Von dem tristen Novembertag draußen bekommen nur die Fans etwas mit, die Stunden vor dem Einlaß schon einen Blick durch die Disco-Tore auf ihre Stars werfen wollen. Ziarno sitzt im Ü-Wagen hinter der Tanzhalle mitten in dem grauen Industriegebiet, und ein zufriedenes Lächeln huscht über sein Gesicht, als er am Hintereingang die halbe Hundertschaft kreischender Fans sieht. Grund der Aufregung: Justin und seine vier Freunde betreten gerade die Bühne und singen sich für ihren ersten Song (eine A-capella-Nummer) ein. Die anderen »Chart Attack«-Gäste dieses Nachmittages (u.a. Masterboy, Fun Factory, Boyzone und Ghetto People) dürfen jeweils nur einen Song zum besten geben, einzig 'N SYNC, mit »I Want You Back« an diesem Tag schon auf Platz 23 der Charts, haben einen zweiten Schuß frei. Ziarno hatte entschieden, 'N SYNC zusätzlich zu »I Want You Back« auch noch eine live gesungene A-capella-Einlage vortragen zu lassen, obwohl dies normalerweise die Tontechniker im Fernsehen immer vor große Probleme stellt. Er ist stolz, 'N SYNC sehr früh für seine Sendung entdeckt zu haben: »Wir haben die Gruppe schon vor drei Monaten gebucht – als sie gerade erst im Entstehen war. Aber ich hatte das Glück, den ersten Rough Mix der Single zu hören, und da hab ich sofort zugeschlagen.«

Auch einige Fans der ersten Stunde haben schneller als viele andere erkannt, welcher Talent-Orkan hier aus Amerika nach Deutschland gebraust kommt. Im Laufe der ersten Tour mit DJ Bobo waren von Konzert zu Konzert mehr Mädchen vor der Bühne zu sehen, die selbstgemalte 'N SYNC-Schilder und Transparente hochhielten. Justin war als Lead-Sänger des ersten Hits »I Want You Back« und (als süßes Nesthäckchen der Band) von Anfang an der Lieblings-'N SYNC bei den Fans: »Die Single erschien ja am ersten Tag der Tournee – uns konnte kaum jemand kennen. Schon beim dritten Konzert sah ich im Publikum ein Mädchen, das ein Schild mit ›Justin, I love you!‹ in die Höhe hielt. Ich erschrak dermaßen, daß ich einen Song lang kaum einen vernünftigen Ton herausbrachte.«

Drei Wochen später schon ist bei dem 'N SYNC-Konzert während des Sechstage-Rennens in der Münchner Olympiahalle der Teufel los. Der Bandbus wird von sieben Fan-Autos quer durch die Stadt vom Hotel bis zum Olympiagelände verfolgt, mehrere Dutzend Girls belagern die Jungs beim Aussteigen. Dramatische Szenen spielen sich am Hintereingang der Halle ab, wo etliche Fans vergeblich versuchen, an den Ordnern vorbei in den Backstage-Bereich zu kommen. Justins Mutter wird fast umgerannt, als sie mit einer Hand voll Freikarten für die längst ausverkaufte Show durch die Tür des Hintereinganges nach außen tritt und die Tickets an besonders verzweifelte Fans verschenkt. Drinnen in der Halle ist der Tourmanager Mike Morin, wochenlang wie ein Fels in der wachsenden Fan-Brandung, langsam, aber sicher am Ende seiner Kräfte: »Bislang war es noch einfach, die Jungs vor dieser wildgewordenen Schar junger Mädchen zu beschützen. Wenn ich die Mädels angebrüllt habe, daß sie verschwinden sollen, dann sind sie immer brav davongetrottet. Doch jetzt wird das echt zuviel. Wenn wir im Frühjahr wiederkommen, brauchen wir mindestens fünf Security-Leute, die sich nur um die Band kümmern.« Mike muß ein Dutzend Ordner anfordern, um die Jungs sicher zu der Bühne zu bringen. Anders als in normalen Auftrittsorten, die einen sicheren Bühnenzugang vom Backstage-Bereich her ermöglichen, ist in München die Bühne mitten in der Halle aufgebaut, die Fans stehen dicht gedrängt rings um das Podest. Mikes Problem: Er muß eine Gasse freimachen, in der die Jungs sicher durch die Massen von Fans geschleust werden können. Doch der Weg vom Backstage-Ausgang zur Bühne ist zu weit für Mike und seine zwölf Hilfskräfte – jetzt heißt es: Sondereinsatz für alle, die mit der Band unterwegs sind. In die Kette der Ordner, die sich gegenseitig ihre starken Oberarme einhaken, reiht sich alles, was einen 'N SYNC-Backstagepaß hat: Pressebetreuer bis hinauf zum Geschäftsführer der Plattenfirma, Journalisten, Kameraleute, Merchandise-Verkäufer und der Fahrer des Tourbus – sie alle bilden eine doppelreihige Menschenkette, in deren Mitte sich Justin, Lance, JC, Chris und Joey vorsichtig zur Bühne vortasten. Einzig Chris nimmt wahr, daß ein Pulk von sechs Radrennfahrern in einer irrsinnigen Geschwindigkeit durch das Steilkurven-Rund rings um die Arena rast: »Wahnsinn – hast du das gesehen? Die haben gar keine Bremsen an ihren Fahrrädern. Und das bei dieser Geschwindigkeit! So etwas würde ich mir nicht trauen.«

Endlich gehen die Scheinwerfer an, und die ersten Takte der Musik von »I Want You Back« erklingen. Als Justin das Mikro vor den Mund nimmt, um die erste Strophe zu singen, geht seine Stimme trotz der großen Verstärkeranlage völlig in dem Kreischen der Fans unter. Ein Hagel von Kuscheltieren und Liebesbriefen prasselt auf Justin, Lance, JC, Chris und Joey herunter, zwischen den Songs müssen zwei Ordner mit großen Besen blitzschnell die Fangeschenke an der Bühnenrückseite zusammenfegen, damit die Jungs bei der nächsten Nummer gefahrlos weitertanzen können. Vor der Absperrung fischen die Security-Leute ein ohnmächtiges Mädchen nach dem anderen aus dem Publikum, die Sanitäter haben alle Hände voll zu tun, die aschfahlen Mädchengesichter mit Sauerstoffduschen wieder aufzupäppeln. Nach 25 Minuten sind die letzten Takte verklungen, und Mike stopft die Plüschtiere hinter der Bühne in einen großen, grauen Plastiksack. Doch die Tüte ist zu klein, um die mehr als 100 Geschenke unterzubringen. Jeder von den Jungs preßt zwei Arme voll Mäuse, Hasen, Hunde, Katzen und andere Stofftiere unbekannter Rasse an die Brust. Noch einmal müssen alle 'N SYNC-Begleiter mit anpacken und die Gasse zum Garderobenbereich für die Jungs frei machen.

Damit ist der Tag für 'N SYNC aber noch lange nicht gelaufen. Kaum haben sich die Jungs umgezogen, müssen sie schon wieder ran: Ein Team von *BRAVO*-TV wartet im Backstage-Bereich auf ein Interview, danach folgen Gespräche mit diversen Musikzeitschriften. Justin, Lance, JC, Chris und Joey geben bereitwillig Auskunft, doch Mike steht schon in der Tür und scharrt ungeduldig mit den Turnschuhen – draußen wartet der Wagen darauf, die Boys in das *BRAVO*-Fotostudio nach Nymphenburg, einem Stadtteil Münchens, zu bringen. Mike weiß, daß dieses Mal auf keinen Fall Fan-Autos folgen dürfen, denn das Studio ist ein nach allen Seiten hin verglastes Gewächshaus im ehemaligen Botanischen Garten. Dort wäre konzentriertes Arbeiten völlig unmöglich, wenn gleichzeitig Dutzende von Fans sich die Nasen an den Scheiben platt drücken. Mike geleitet die Jungs deshalb nicht zum regulären Bühnenausgang, sondern führt sie in den Eingeweiden der Olympiahalle durch verschwiegene, unterirdische Gänge zur Lieferantengarage. Der 'N SYNC-Tourbus, mit dessen Fahrer Mike via Funkgerät verbunden ist, fährt in die entgegengesetzte Richtung los, die Fans, die den Bus seit einer Stunde nicht mehr aus den Augen gelassen haben, stürmen hinterher. Gleichzeitig steigen die Boys in der Tiefgarage in einen Van mit verdunkelten Scheiben, den Mike am Mittag angefordert hatte. Der Kleinbus fährt die Rampe hoch, und tatsächlich: weit und breit ist kein Fan zu sehen, die Fotosession kann in aller Ruhe durchgezogen werden.

»*BRAVO* geht sehr viel nach den ausgewerteten Leserzuschriften«, erklärt Redakteur Alex Gernandt am Ende der Fotosession. »Wenn wir pro Woche 300 Briefe zu Backstreet Boys, Kelly Family und Michael Jackson bekommen, aber nur 30 zu 'N SYNC, dann wissen wir einfach, daß das Thema noch nicht so heiß ist.« Dennoch setzte er frühzeitig auf Justin, Lance, JC, Chris und Joey und brachte allein im Herbst acht 'N SYNC-Geschichten. Auch *Popcorn*, *PopRocky, HIT!, Mädchen* oder *BRAVO GIRL* berichteten ständig über die Band. Alex Gernandt war zunächst zwar skeptisch, ob 'N SYNC den großen Backstreet Boys das Wasser reichen könnten, wagte dann aber doch zwei Doppelseiten im Oktober und November. Ein Beweis dafür, daß auch bei Deutschlands größter Musikzeitschrift das Potential der Band von Beginn an ernst genommen wurde: »Die Doppelseite muß man erst mal kriegen. Auch wenn das ein bißchen hochnäsig klingt – bei unseren sechs Millionen Lesern ist das schon was besonderes, eine Doppelseite zu machen.« Gernandt ist auch einer der wenigen, die wissen, warum gerade jetzt diese gewaltige Boygroup-Welle über das Land schwappt. Deutschlands Kids, meint er, haben von der dumpfen Techno-Mühle die Nase voll und sehnen sich nach echten Gesichtern, nach echten Gefühlen: »In dem jungen Alter – 12, 13, 14 – ist das bei Boygroups immer so, daß die Fans ihre Phantasien, auch was Liebe und Zärtlichkeit betrifft, auf die Bands projizieren. Die Mädchen suchen sich den hübschesten Boy der Gruppe aus, hängen ihn als Poster an die Wand und träumen die ganzen Träume, die sie noch nicht ausleben können, weil sie eben noch zu jung sind.«

Die Fans, die an diesem Abend das Hotel in München belagern, sind jedenfalls alt genug, um zu wissen, in welchem Wagen die Band chauffiert wird – sie hatten beobachtet, wie Justin, Lance, JC, Chris und Joey bei der Rückkehr von der Fotosession ins Hotel aus einem silbergrauen Voyager stiegen. Seither ließen sie den Van nicht mehr aus den Augen. Es wird für Mike und sein Team zu einer stundenfüllenden Aufgabe, die Jungs vom Hotel in die Gastwirtschaft zu bringen, in der 'N SYNC gemeinsam mit der Tour-Crew, der Plattenfirma und einigen Freunden den Abschluß ihres ersten Triumphzuges durch Deutschland feiern wollen. Morgen werden sie sehr früh aufstehen und endlich mal wieder ins heimische Orlando zurückfliegen. Ein riesiger Tisch ist für 19:30 Uhr in dem »Wirtshaus in der Au« reserviert, die Gäste sind schon da, doch auch um 20:30 Uhr ist von der Band noch nichts zu sehen. Erst gegen neun geht die Tür auf, und ein sichtlich gestreßter Mike geleitet Justin, Lance, JC, Chris und Joey in den Gastraum. Der Fahrer sieht aus, als wäre sein Gesicht beim Waschen eingegangen – tief furchen sich die Sorgenfalten auf seiner Stirn:

»So etwas hab ich noch nicht erlebt«, stöhnt er und läßt sich auf die Holzbank fallen. »Eineinhalb Stunden haben wir gebraucht, um die Verfolger abzuschütteln.« Ein Pulk von acht Autos mit Fans hatte sich bei der Abfahrt zum Restaurant an den Van gehängt. »Die sind über rote Ampeln und quer durch die Fußgängerzone gerast«, erzählt der Fahrer, »ich mußte schließlich den alten Parkhaus-Trick herauskramen, um sie loszuwerden.« Wie genau dieser »Parkhaus-Trick« funktioniert, will er nicht verraten: »Das sind Sachen, die man in der Spezialfahrer-Ausbildung lernt. Berufsgeheimnis!« JC läßt sich von Holger, dem Pressebetreuer der Plattenfirma, die Worte des Fahrers übersetzen und lacht: »Ich hätte nie gedacht, daß wir mal live in einem Action-Film mitspielen werden!«

Die Jungs wissen, daß solche Aktionen von Monat zu Monat häufiger vorkommen werden. »Ich glaube nicht, daß uns das irgendwann einmal lästig wird«, meint Justin. »Es ist toll, zu sehen, wie intelligent die Fans sind. Sie zeigen damit doch nur, wie sehr sie auf uns stehen. Wann immer wir können, gehen wir auf die Fans zu. Vor den Hallen und Hotels geben wir Autogramme und lassen uns fotografieren. Natürlich müssen wir aufpassen, daß unsere Arbeit – Interviews oder Fotosessions – nicht darunter leidet. Wir würden auch heute Abend gerne mit unseren Fans feiern, aber dazu müßten wir einen ganzen Saal mieten. Doch wir müssen morgen ganz früh aufstehen und zum Flughafen fahren. Da ist es schon schön, jetzt in einem kleineren, privateren Kreis feiern zu können.« Justin, Lance, JC, Chris und Joey studieren die

Speisekarte. Einige Worte wie »Würstchen«, »Kartoffelsalat« oder »Wiener Schnitzel« kennen sie schon, den Rest lassen sie sich von Holger übersetzen. Nur bei den »Gebackenen Kuddeln« versagen die Dolmetscherkünste der Betreuer. Ein Wörterbuch muß helfen. Chris verzieht das Gesicht: »Euter – ich wußte gar nicht, daß man das essen kann.« Chris und seine Freunde verzichten darauf, Innereien zu probieren, und halten sich statt dessen lieber an Bekanntes – Schnitzel, Bratwurst und Steak mit Pommes und Salat. Noch einmal lassen sie bei Apfelschorle und Cola die vergangenen turbulenten Wochen Revue passieren. »Das ist alles wie ein großer, wunderschöner Traum«, sagt Lance mit verklärtem Gesicht. »Hoffentlich wache ich nie daraus auf.«

Die echten Träume warten schon, denn das Sandmännchen streut bald den längst verdienten Schlaf in die müden Augen von Justin, Lance, JC, Chris und Joey. Sie werden träumen von Goldenen Schallplatten für das Album und die nächsten Singles »Tearin' Up My Heart« und »Here We Go«, von jubelnden Fan-Massen bei den vielen Auftritten ihrer Tournee im März 1997 und den großen »Happy-Family«-Festivals im Sommer, von gemeinsamen Charity-Singles mit DJ Bobo und den Backstreet Boys (»Hand In Hand For Children«), von tollen Trips nach Griechenland, Südafrika und Südostasien und schließlich von einer gewaltigen Tournee im Herbst 1997, bei der sie mit einer echten Live-Band im Rücken endgültig den Boygroup-Thron in Deutschland besteigen werden. Als sich die Boys gegen 23 Uhr verabschieden, wissen sie nicht, daß all diese Träume wahr werden sollten. Aber sie wissen, daß sie alles daran setzen werden, diese Träume wahr zu machen.

Justin, Lance, JC, Chris und Joey haben sich längst in ihre Kopfkissen gekuschelt, doch die Crew feiert munter weiter. Kurz nach Mitternacht piepst Mikes Handy. Er grummelt irgendwas wie »falsch verbunden« in den Hörer und schaltet das Telefon aus. Wieder einmal wollte ein Fan wissen, wo sich die Band im Moment aufhält. Mike grinst: »Ich brauche dringend eine neue Handy-Nummer. Ich weiß auch nicht, wie sie die herausgefunden haben, aber dauernd klingelt es, und Fans fragen mich, wo wir gerade sind. Heute früh ließen sie mir sogar einen Zwei-Kilo-Eimer mit meiner Lieblingseiscreme ins Hotel liefern. Doch ich bin unbestechlich – ich habe das Eis an die Fans verschenkt, die vor dem Hotel warteten.«

Wahre Fans brauchen natürlich noch nicht einmal Mikes Handynummer, um zu wissen, wo sie ihre Stars suchen müssen. Das merkte Mike ein paar Tage vor dem Münchner Tourende, als er am 6. November mit Justin, Lance, JC, Chris und Joey zum Booya-Studio in Hamburg fuhr. Der Studiokomplex von Toni Cottura und seinem Partner Bülent Aris liegt in einem öden Industriegebiet in Bahrenfeld – kein Mensch würde auf die Idee kommen, hier zwischen Eisenwaren-Lagern und Futtergroßhandels-Hallen fünf smarte Boys aus Orlando treffen zu können. Fast keiner – fünf eingefleischte 'N SYNC-Fans haben tatsächlich herausgefunden, wo die Boys in der Hansestadt seit zwei Tagen vor den Mikrofonen stehen. Doch auch hier gilt: Wann immer 'N SYNC konzentriert arbeiten, müssen die Fans draußen bleiben (auch wenn Joey im Laufe des Abends Erbarmen hat, für fünf Minuten vor die Tür geht und sich mit den Mädchen unterhält). Drinnen im Studio herrscht eine lockere Arbeitsatmosphäre. Man spürt, daß die Jungs hier in ihrem Element sind. Der Produzent Toni Cottura, der schon mit Fun Factory, Scatman John, Marky Mark, Haddaway und Nana gearbeitet hat und »Get Down« für die Backstreet Boys komponierte, ist völlig begeistert von den Jungs: »Sie bekamen das Demo und konnten am nächsten Tag schon alles singen.« Cottura legt aber auch großen Wert darauf, daß die Stimmung in seiner Soundküche gut ist, denn »Musik ist immer noch irgendwo Gefühlssache. Und wenn hier irgendeiner herumhängt, der dauernd eine Fresse zieht, dann muß der weg.«

'N SYNC dürfen natürlich bleiben, denn alles läuft wie geschmiert, und die Jungs sind bei bester Laune. Vorgestern hatten sie Demokassetten mit zwei Songs bekommen, die Cottura mit seinem Partner Bülent Aris extra für die Jungs komponiert hat. Ein Uptempo-Stück und eine Ballade, beide passen hervorragend zu der ganz speziellen Art, in der Justin, Lance, JC, Chris und Joey singen. Seit gestern ist die Ballade – »Best Of My Life« – im Kasten, und auch die meisten Gesangspuren für das schnelle Stück sind bereits aufgenommen. Justin sitzt tief zurückgelehnt in dem großen Leder-Chefsessel im Büro des Studios, die Füße liegen lässig auf dem Schreibtisch, und er nutzt die Gelegenheit, endlich mal wieder Zeit für ein ausgiebiges Telefonat mit seinem Dad in Orlando zu haben. Joey steht mit Manager Johnny im Flur und will wissen, wann genau die nächsten Termine in Orlando sind. Johnny ist kein Mensch, der für die Beantwortung solcher Fragen ein Terminbuch aufklappen oder gar ein Laptop einschalten muß – er hat alles im Kopf. Joey schreibt sich die Termine – Proben mit dem Choreographen Robert Jaquez und weitere Aufnahmen in Plattenstudios – in seinen kleinen Taschenkalender. Später wird er versuchen, Freunde in Orlando zu erreichen und sich schon jetzt mit ihnen für die wenigen freien Tage zu verabreden. Chris und Lance haben es sich auf dem dicken, weichen Teppich des Aufenthaltsraumes vor dem Videospiel-Fernseher bequem gemacht. Sie spielen Autorennen, doch Lance hat keine Chance gegen den Geschwindigkeits-Freak Chris. Das Kräftemessen der beiden ist von vornherein ungerecht, denn Chris ist ein jahrelang geübter Kart-Racer, und vor allem hat er im Gegensatz zu Lance schon lange einen Führerschein. Wieder einmal unterschätzt Lance in einer Kurve die Geschwindigkeit, sein Renner knallt mit lautem Getöse gegen die Leitplanke und überschlägt sich. Ein brennendes Wrack bleibt auf dem Monitor zurück, während Chris in Sekundenschnelle souverän das Rennen als Sieger beendet. »Warte nur, eines Tages kriege ich dich«, zischt Lance. Chris lacht: »Bin ich froh, daß du keinen Führerschein hast. Da müßte man in Orlando ja alle Straßenpalmen herausreißen und statt dessen Gummibäume pflanzen!«

JC bekommt von alledem nichts mit, er ist völlig in seine Arbeit vertieft. Seinen Gesang für den schnelleren Song hat er zwar schon gestern aufgenommen, hatte sich aber ein Tape davon mit ins Hotel genommen und war nach mehrmaligem Anhören noch nicht hundertprozentig zufrieden. Immerhin geht es um eine der möglichen Singles: »Here We Go«. Toni Cottura runzelte die Stirn, als ihn JC bei der Ankunft am Nachmittag bat, seinen Part noch einmal aufzunehmen: »Also, ich weiß nicht, was man da noch besser singen könnte. Warten wir mal ab, was Veit dazu sagt.« Eine Stunde später kommt Veit Renn ins Booya-Studio. Er ist einer der Männer, die bei Gruppen wie 'N SYNC im Hintergrund arbeiten, deren Gesicht kaum einer kennt, und die dennoch einen unbezahlbaren Anteil am Gelingen von Welthits haben. Veit arbeitet zwar selbst als Produzent und zeichnet in dieser Funktion auch für ganze fünf Songs auf dem 'N SYNC-Debütalbum verantwortlich, sein Einfluß ist jedoch auf nahezu jedem Stück der Platte zu hören. Denn der ruhige Mittdreißiger mit dem Ziegenbärtchen begleitet die Jungs zu fast allen Studioterminen und steht ihnen als »Vocal Guide« (Gesangtrainer) zur Seite. Sein Wort zählt auch bei kniffligen Fragen wie JCs Bitte, den Gesangpart noch einmal aufzunehmen. Toni ist froh, einen wie Veit bei der Arbeit dabeizuhaben: »Die Jungs sind noch recht jung, da ist es schon besser, wenn ein Guide im Studio ist. Aber die sind so talentiert, daß nur wenig zu korrigieren ist.« Auch JC ist überglücklich, mit einem der Weltbesten seines Fachs zusammenarbeiten zu können: »Veit ist für unsere Musik extrem wichtig. Er kennt nicht nur unsere Stimmen bis ins letzte Detail, er kann auch notfalls jede Stimme selbst vorsingen. Er hat einen unglaublichen Stimmumfang, weiß alles über Tonbildung und Atemtechnik und hat das beste und genaueste Paar Ohren, das ich in meinem Leben gesehen habe.«

Veit merkt, daß Toni keine Veranlassung sieht, JCs Part noch einmal aufzunehmen. Die Zeit drängt, denn es sind noch ein paar Background-Vocals aufs Band zu bekommen. »Mach mal das Playback ganz leise und ziehe JCs Spur auf«, bestimmt Veit und läßt sich entspannt in den großen Ledersessel vor dem Mischpult fallen. Aus den mächtigen Monitorboxen erklingt leise der Beat von »Here We Go«. Bei der Zwischenstelle im Refrain »Here we go, yeah« rudert JC mit den Armen, Veit nickt wissend. Beim nächsten Refrain fährt er an derselben Stelle seine Ohren noch ein Stück weiter aus, schnellt aus dem Stuhl, drückt die »Stop«-Taste und singt »Here we go, yeaaaeaah«. Cottura versteht, was sein Kollege meint: »Du hast recht, das ist zu gepreßt.« Veit läßt das Playback noch einmal ganz leise abspielen und singt JC vor, wie man diese – höchstens eine halbe Sekunde kurze – Stelle noch besser modulieren kann: »Wenn du bei dem Tremolo am Schluß die Halsmuskeln zu sehr anspannst, klingt es automatisch gequetscht.« JC singt die Stelle mit, Veit beobachtet konzentriert JCs Muskulatur und kommt auf den entscheidenden Tip: »Beug dich bei ›yeah‹ ein bißchen nach vorne und zieh die Schultern minimal nach oben – dann entspannen sich die inneren Halsmuskeln von selbst.« JC probiert es aus, und siehe da: Die Modulation klingt wie frisch geschmiert. »Wieder was dazugelernt«, lacht JC und sprintet in die Schallkabine vor das Mikrofon. »Willst du direkt ab der Stelle singen?« fragt ihn Toni über den Kopfhörer. »Nein, laß es von Anfang an laufen, daß ich mich eingrooven kann.« JC tanzt wie ein Wilder den Song in der Kabine mit, beugt sich wie soeben gelernt bei den nachzubessernden Stellen nach vorne und zieht dabei leicht die Schultern hoch. Der Part sitzt beim ersten Versuch, Veit seufzt zufrieden: »Ach, wären doch alle so professionell wie diese Jungs.«

Eine halbe Stunde später sind auch die restlichen noch ausstehenden Chorpassagen aufgenommen, und die Jungs hören sich im Kontrollraum das Ergebnis an. Justin, Lance, Chris und Joey tanzen im Groove, nur JC, der musikalische Kopf von 'N SYNC, sitzt auf einem Hocker, wippt ein wenig mit dem Fuß den Takt mit und hat schon wieder eine Idee. Plötzlich fängt er in dem instrumentalen Mittelteil zu rappen an. Freestyle, völlig spontan und ganz ohne einen geschriebenen Text rappt er zu dem Beat, als sei er Vanilla Ice, LL Cool J und Ice T in einer Person. Doch die Musik knallt so laut aus den Boxen, daß die anderen es nicht hören können. Einzig Veit spitzt die Ohren setzt sich neben JC und lauscht ihm voller Interesse. Als der Song zu Ende ist, tippt er JC auf die Schulter: »Hey – in dieses Stück paßt das zwar nicht rein, aber auf dem nächsten Album muß ein Rap von dir drauf sein.« Jetzt sind alle – die Jungs, Johnny, Veit, Toni und Bülent – mit dem Song zufrieden. Höchste Zeit also, die beiden kritischsten und sachkundigsten 'N SYNC-Fans zum Probehören zu bitten: Diane und Lynn, die Mütter von Lance und Justin. Der Song knallt aus den Boxen, und die Moms werden sofort vom Groove gepackt. Sie tanzen ausgelassen in dem schmalen Gang zwischen Mischpult und Studiowand, ihre Augen werden feucht vor Freude und Stolz auf ihre

Jungs. »Hey, seid ihr von den Spice Girls?« ruft Joey. »Nein«, lacht Lynn zurück, »wir sind die neuen Go-Go-Girls für eure nächste Tournee!«

# FOREVER YOUNG

## Justin, Lance, JC, Chris und Joey hautnah

### JUSTIN RANDALL TIMBERLAKE

*Ein Nesthäkchen, das genau weiß, was es will*

Umbaupause in der Hannoveraner Music Hall: Auf der Bühne arbeiten die Roadies an den Kulissen für DJ Bobo, im Saal wischen sich die Fans den Schweiß des 'N SYNC-Konzertes von der Stirn. Was sie nicht wissen können: Hinter der Bühne, im heiligen Backstage-Bereich, veralbern sich die Mitglieder von Bobo und 'N SYNC lautstark gegenseitig. Bobos Tänzerinnen imitieren einen mißlungenen 'N SYNC-Handstand, die Boys kontern mit einer schrecklich falsch gesungenen Version von »Pray«. Fast hätte ihn in diesem ausgelassenen Trubel keiner bemerkt: In sich zusammengesunken sitzt Justin in einer Ecke auf einem harten Plastikstuhl. Die Bühnenklamotten hat er schon gegen einen bequemeren, dunkelblauen Jogginganzug getauscht. Damit ihn erst recht keiner sehen kann, zieht er sich die Kapuze tief in die Stirn – wie eine Tarnkappe, unter der er seine Traurigkeit vor den Blicken der anderen verstecken will. Er hält sich einen kleinen Plüschhund, den ihm zwanzig Minuten vorher ein Mädchen aus der ersten Reihe zugeworfen hatte, vor den Mund. Justin ist tief bewegt, denn das Kuscheltier ist ausgerechnet ein kleiner Husky-Welpe – sein absoluter Lieblingshund. »Ich will auch so einen Hund haben«, flüstert er fast unhörbar in das Stofftier. Doch Justin hat Glück im Unglück: Seine Mutter Lynn, während der gesamten Tournee immer an der Seite ihres Sohnes, hat die Szene im Augenwinkel beobachtet. Sie legt sofort die 'N SYNC-Bühnenkleidung, die sie gerade in den fahrbaren Tour-Schrank zurücksortiert, zur Seite, geht mit festen Schritten in die Ecke des Aufenthaltsraumes, kniet sich neben ihren Sohn und drückt ihn ganz fest an sich. »Mom – ich will auch so einen Hund haben«, sagt er jetzt auch seiner Mutter. »Justin«, antwortet Lynn mit verständnisvoller, aber fester Stimme, »du weißt doch, daß du im Moment keinen Hund haben kannst. Wer soll denn auf ihn aufpassen – wir sind doch kaum zu Hause.« Lynns Blick erhellt sich, sie hat eine viel bessere Idee: »Außerdem – was für eine Rasse willst du denn haben? Einen Retriever?« Justin tippt auf das Stofftier: »Nein, einen Husky. Einen schwarz-grau gemusterten Husky mit blauen Augen.« Jetzt hat sie das bessere Argument: »Wir haben doch gestern diesen Abenteuerfilm auf Video gesehen – da waren ganz viele Huskys, die den Schlitten durch den Schnee gezogen haben. Weißt du eigentlich, wie sich so ein Hund bei 35 Grad im Schatten fühlt? Huskys sind Hunde, die sich in Alaska oder Kanada wohl fühlen. Aber bei uns in Orlando, wo es immer so heiß ist, da leiden diese Tiere jeden Tag ganz schlimm. Und das willst du doch nicht, oder?« Justin steht auf, zieht die Kapuze ab, steckt das Stofftier in die Jackentasche und macht mit der rechten Hand das »Victory«- Zeichen (Zeige- und Ringfinger formen ein »V«). »Du hast recht, Mom, das wäre Tierquälerei. Wegen Orlando und wegen der Zeit, die wir für einen Hund jetzt nicht haben.«

Die Blitzkarriere, mit der 'N SYNC in wenigen Wochen die Charts in Deutschland auf den Kopf stellten, ging für die Boys viel zu schnell. So richtig kommt keiner von ihnen mit. Doch tapfer stellen sie sich dem aufregenden Leben zwischen Hotels, Bühnen, Flugzeugen und dem Blitzlichtgewitter der Fotografen. Ausgerechnet Justin, das Nesthäckchen von 'N SYNC, singt bei »I Want You Back« die Hauptstimme und steht deshalb im Mittelpunkt des Medienrummels. Die Kameras richten sich vor allem auf ihn, und bei den Konzerten bekommt er den lautesten Applaus und die meisten Liebesbriefe auf die Bühne geworfen. Justin ist zwar trotz seiner 15 Jahre (16 wurde er erst am 31. Januar 1997) beileibe kein Entertainment-Frischling mehr, aber der unglaubliche Trubel um seine Person macht ihm dennoch hin und wieder zu schaffen. Es sind jedoch nicht etwa die vielen Termine, Interviews und Verpflichtungen, die ihn belasten. All das steckt er mit bewundernswerter Lässigkeit weg. Was ihm Probleme macht, ist einzig und allein das Heimweh, das ihn manchmal packt: »Wir gondeln die ganze Zeit in der Welt herum, und am Anfang dachte ich mir, wie toll es ist, auch noch andere Teile der Erde zu sehen.« Doch schon nach wenigen Wochen im vergleichsweise kalten und regnerischen Deutschland sehnte er sich ab und zu nach der Heimat: »Plötzlich fehlte mir das schöne Wetter daheim, meine Freunde, meine Familie, oder auch nur mein Zimmer mit meinen eigenen Sachen darin.« Als er einmal zwischendurch nichts zu tun hatte und von keiner Arbeit abgelenkt war, saß er in einer Ecke, das Gesicht in den Händen vergraben, und dachte an zu Hause. »Ich war völlig deprimiert«, sagt Justin, und seine blauen Augen bekommen einen traurigen Schimmer. »Der einzige Trost für mich war meine Mom, die glücklicherweise immer auf der Tour dabei war. Sie merkte natürlich sofort, was mit mir los war – Heimweh!« Mutter Lynn setzte sich daraufhin mit den Jungs zusammen, und gemeinsam ersonnen sie eine Strategie, Justins Sehnsucht nach Orlando zu mildern: Die Boys achteten von da an verstärkt auf ihren »Kleinen« – und wann immer sie merkten, daß er ein deprimiertes Gesicht macht, muntern sie ihn mit ein paar lustigen Sprüchen wieder auf: »Gott sei Dank sind die anderen so fair, daß sie nicht über mich lachen. Ich bin so froh, viele gute Freunde um mich zu haben. Besonders Joey ist total süß, wenn ich meine Anfälle bekomme. Er hat so viel Blödsinn im Kopf, daß ich einfach lachen muß – ob ich will oder nicht.« Lynn sorgt darüber hinaus dafür, daß immer ein Telefon in Reichweite ihres Sohnes steht: »So kann ich immer, wenn ich will, zu Hause anrufen und mit Freunden oder meinem Dad reden.« Und wenn all das gar nichts mehr half, zog Justin sich mit Schmollmund ins Hotelzimmer zurück. »Dann lege ich mich ins Bett und drücke mein Kuscheltier ganz fest an mich. Aber das passiert immer seltener.«

Wenn Justin »Dad« sagt, meint er nicht seinen leibli-

Justin

© Fryderyk Gabowicz/BMG Ariola

chen Vater – der hatte sich von Lynn Timberlake scheiden lassen, als Justin gerade mal drei Jahre alt war. Lynn heißt inzwischen Harless mit Nachnamen, und ihr zweiter Mann, Paul Harless, hat es sich durch seinen jahrelangen lieben Umgang mit Justin mehr als verdient, von ihm »Dad« genannt zu werden. Doch Paul muß sich, während Justin und Lynn in Europa unterwegs sind, um Justins kleinen Bruder Jonathan kümmern und kann deshalb noch nicht einmal Justins 16. Geburtstag in München mitfeiern. Ganz klar – auch an diesem Abend war wieder ein Handy in Justins Greifweite. Paul rief pünktlich um kurz nach Mitternacht an und beglückwünschte seinen Sohn ausgiebig über das Telefon.

Die Scheidung seiner Eltern war auch der Anlaß für Lynn, von Memphis in Tennessee – Justins Geburtsort – ins schöne Florida umzuziehen. Dort entdeckte sie sehr früh das Showtalent ihres Sohnes: »Als ich in der dritten Klasse war, gab es einen kleinen Talentwettbewerb in meiner Schule«, erinnert sich Justin an sein erstes Erlebnis mit den Brettern, die die Welt bedeuten. »Mit ein paar Freunden schaute ich mir Videos von den New Kids On The Block an. Wir lernten ihren Tanzstil und traten mit zwei New Kids-Nummern auf. Zufällig war eine Lehrerin aus einer anderen Schule im Publikum, die uns für einen Gastauftritt bei ihrer eigenen Talentshow engagierte. Wir bekamen 40 Dollar Gage. Das war echt viel Geld – was denkst du, wie viele Süßigkeiten wir uns dafür kaufen konnten!« Von da an ermutigte Lynn den kleinen Justin, wann immer es ging, zu weiteren Schritten in die Unterhaltungsbranche: »Meine Mutter unterstützte von Anfang an meine Karriere. Sie sorgte dafür, daß ich in der Schule die entsprechenden Kurse besuchte, besorgte mir einen Klavierlehrer, kaufte mir eine Gitarre und bezahlte mir auch den Gesangunterricht.«

Das war eine Investition, die schon bald Wirkung zeigte: Bei einem Casting für einen Entertainer-Job bei der TV-Show »Mickey Mouse Club« zeigte Justin den restlichen 5.000 Mitbewerbern mühelos die Rücklichter – er wurde mit Kußhand für die Show verpflichtet. Eine anstrengende, aber wunderschöne Zeit begann: »Ich war erst zwölf Jahre alt und mußte jeden Tag in die Studios zur Arbeit gehen, weil die Sendung täglich ausgestrahlt wurde. Nebenbei ging ich natürlich auch noch zur Schule. Das hätte ich nie geschafft, wenn meine Mom nicht von Anfang an einen Privatlehrer engagiert hätte, der mit mir auch mal am Abend Mathe, Physik und Geschichte gepaukt hat.« Schnell freundete sich Justin mit einem etwas älteren Kollegen an, dessen Talente ähnlich lagen – singen, tanzen, Sketche spielen und »frei von der Leber weg drauflosblödeln.« Sein neuer Freund hieß Joshua, aber alle nannten ihn JC. Die Kernzelle von 'N SYNC war entstanden.

Im Laufe der Monate wurde aus Justin und JC ein in ganz Amerika beliebtes Entertainer-Duo. Die beiden fingen an, zu Hause gemeinsam Songs zu komponieren, die sie wenige Tage später schon zusammen vor den Kameras sangen. Dabei half es Justin sehr, zwei Instrumente spielen zu können. Eine Fähigkeit, die auch für 'N SYNC das Komponieren wesentlich erleichtert: »Es ist sehr hilfreich, wenn man sich um das Klavier herum stellen kann, um an neuen Songs zu arbeiten.« Bald gab sich auch die Gelegenheit, ein ganzes Album für den »Mickey Mouse Club« einzuspielen und mit den Songs auf eine kleine Tournee zu gehen. Kein Wunder, daß die beiden bald schon die meisten Verehrerinnen aller Club-Entertainer hatten und manchmal körbeweise Fanpost mit nach Hause brachten. Doch das alles wäre nur halb so schön gewesen ohne den fantastischen Spaß, den die beiden miteinander bei der Arbeit hatten: »Wir waren die Weltmeister im Blödsinn machen und improvisieren. Meistens haben wir nur irgendwelchen Quatsch gemacht, uns vor den Kameras mit Sahnetorten beworfen oder uns laut schreiend gegenseitig durch die Kulissen gejagt und dabei die Requisiten umgeworfen. Natürlich gab es auch Drehbücher, doch an die hielten wir uns nie so genau. Der Regisseur raufte sich am Anfang zwar oft die Haare, ließ uns dann aber bald das machen, worauf wir gerade Lust hatten. Er vertraute uns völlig – und die Show wurde ein Riesenerfolg.«

Knapp drei Jahre nach Justins erstem Tag in den MGM-Studios startete die 'N SYNC-Rakete, und es wurde für ihn noch schwerer, seinen Highschool-Abschluß auf die Reihe zu bekommen. »Das war wirklich hart für mich. Ich hatte wegen guter Noten zwar eine Klasse übersprungen, mußte dennoch mindestens jeden zweiten Tag büffeln. Wir waren in Europa unterwegs, und ich hatte immer einen kleinen Koffer mit meinen Büchern und Tests dabei. Am härtesten aber war es bei den kurzen Heimaturlauben: Die anderen lagen faul am Pool herum oder trafen sich endlich mal wieder mit ihren

Freunden – und ich mußte meistens in meinem Zimmer sitzen und mich mit dem Privatlehrer auf die Prüfungen vorbereiten.« Das Pauken hatte Erfolg: Im Frühjahr schaffte Justin seinen Highschool-Abschluß (in etwa vergleichbar mit dem deutschen Abitur). Damit ist mit der Lernerei jetzt erst mal Schluß. Aber nicht für immer: »Später will ich unbedingt noch aufs College gehen und studieren. Ich denke, es ist wichtig, sich irgendwann im Leben eine ordentliche Bildung zuzulegen. Das ist eine Grundlage, auf die man sich immer stützen kann.«

Aufstützen – das kann sich Justin ganz kurz vor der ersten großen Tour im März plötzlich nicht mehr. Curly, wie ihn die anderen 'N SYNCs wegen seiner Lockenpracht nennen, übt am 28. Februar gemeinsam mit den anderen Boys die Choreographie für »Tearin' Up My Heart« in einer ehemaligen Lagerhalle im holländischen Arnheim. Die akrobatischen Tanzeinlagen laufen wie am Schnürchen, schließlich hatte man ja zwei Wochen lang in Orlando bis an die Grenze der Erschöpfung geprobt. Nach dem zweiten Refrain setzt Justin zu einer gelenkigen Breakdance-Figur an, findet jedoch auf der etwas glitschigen Bühne nicht den nötigen Halt, kippt nach hinten weg und fängt den Fall mit der rechten Hand auf. Das knirschende Geräusch geht in der lauten Musik unter, nicht aber Justins ohrenbetäubender Schmerzensschrei, mit dem er sich wieder aufrichtet. Die Jungs sind vor Schreck weiß im Gesicht, der Produktionsmanager setzt sich sofort mit Justin in den Van und fährt ihn ins nächste Krankenhaus. Diagnose: schwere Verstauchung des Daumengelenkes. Bis zum Ellbogen eingegipst kehrt Justin zur

Übungshalle zurück. Müssen sie jetzt die Tour absagen, war all die Mühe, der Schweiß und die Arbeit umsonst?

»Indianerherz kennt keinen Schmerz«, dachte sich Justin und biß die Zähne zusammen: »Mit einem gebrochenen Fuß wäre alles aus gewesen. Aber wir konnten die Choreographie leicht verändern, so daß ich nicht zu viele Handstände machen mußte. Die Hand tat höllisch weh, und die Schmerzen wurden von Konzert zu Konzert schlimmer. Aber ich habe die Fans bei den ersten Auftritten gesehen und wußte, daß ich die Fans in den anderen Städten nicht enttäuschen darf.« Am fünften Tourneetag hatte Mutter Lynn keine Lust mehr, ihren Sohn ständig mit Schmerztabletten vollzupumpen. Sie fuhren in eine Spezialklinik, in der der Daumen noch einmal geröntgt wurde. Von wegen Verstauchung – der Mittelknochen war angebrochen! »Ich bekam eine kleine Schiene und einen völlig neuen, kleineren Stützverband, mit dem ich viel besser tanzen konnte. Eine Verstauchung wäre nicht so schnell verheilt.« Die Schmerzen besserten sich von Tag zu Tag, und Justin wurde zunehmend Zielscheibe der schrägen Sprüche seiner Freunde. »Je weniger Schmerzen ich hatte, um so frecher wurden sie«, lacht Justin und denkt an den lustigsten Spruch. Er stammt von Chris: »Na, Justin, mal wieder beim Trampen nicht aufgepaßt?« Wer den Schaden hat ...»Hey Justin, kannst du mir mal mein Steak kleinschneiden«, veralberte ihn Joey beim Abendessen. Dieses Kunststück hatte Justin nicht drauf: Er konnte mit dem Schienenverband natürlich kein Messer halten und mußte sich zum Teil sogar von seiner Mutter füttern lassen. Und die achtet ohnehin darauf, daß die Jungs neben ihren geliebten Hamburgern, Wiener Schnitzeln und Frankfurter Würstchen auch genug Vitamine zu sich nehmen: »Wenn es nach meiner Mom gehen würde«, feixt Justin, »hätten wir bald alle Häschenzähne – so viel Salat und Gemüse müssen wir essen.«

Gut und viel essen müssen die Boys ohnehin, um ausreichend Energie für ihre kräftezehrende Show nachzufüllen. Und für ihre Hobbies: Justin (68 Kilo, Schuhgröße 45) ist ein begeisterter Basketballspieler und hat bei sich zu Hause auf dem immer chaotisch aussehenden Nachttisch sogar ein in Glas gerahmtes Originalautogramm seines Lieblingsspielers Jimmy Hartway stehen. »Wenn ich einen Wunsch frei hätte, wäre ich gerne Bugs Bunny – weil der einen ganzen Film lang mit Michael Jordan spielen konnte.« Justins absoluter Lieblingsfilm ist natürlich »Space Jam«, in dem der Zeichentrick-Hase gegen das Basketballidol »Air« Jordan antritt. »Ich hätte mit meinen 1,81 Metern zwar noch nicht einmal den Hauch einer Chance gegen Michael, aber ich würde viel dafür geben, mal ein Match gegen ihn spielen zu können.« Vorerst muß Justin noch mit seinen 'N SYNC-Freunden als Gegner vorlieb nehmen. Und eines muß man ihm zugestehen – er tanzt deutlich besser als Michael Jordan, denn Tanzen ist neben Basketball der zweitwichtigste Sport für Justin: »Ich bewege mich halt gern. Und Tanzen ist für mich eine Kunst, so wie Singen oder Schauspielern. Was bei allen dreien toll ist: Du kannst damit prima deinen Streß abbauen und fühlst dich danach völlig entspannt.«

Entspannt fühlt sich Justin im Laufe der Monate immer häufiger, denn das rastlose Zigeunerleben mit 'N SYNC ist auch an ihm nicht spurlos vorbeigegangen: »Es ist erstaunlich, wie erwachsen er innerhalb des letzten Jahres geworden ist«, wundert sich Chris darüber, daß sich Justin mittlerweile kaum mehr von Heimweh gebeutelt in eine Ecke zurückzieht. Auch Joey zieht vor seinem jungen Kollegen die Baseballmütze (das tut er nur selten ...): »Obwohl Justin der jüngste von uns ist, merkt man ihm das kaum an. Für sein Alter ist er schon sehr reif. Er weiß ganz genau, was er will.«

## JOSEPH ANTHONY »JOEY« FATONE, JR.

*Der Latin Lover mit dem Dracula-Gebiß*

Italien kann überall auf der Welt sein, solange man es in seinem Herzen trägt: »Mein Großvater stammt aus Italien, und meine Familie hat natürlich auch nach Orlando ein Stück italienischer Lebensart mitgenommen.« Bei den Fatones, Joeys Eltern, ist es nach wie vor selbstverständlich, daß am Sonntag die ganze Familie um den Mittagstisch sitzt und sich mit leckeren Nudeln von Mama Phyllis bekochen läßt. Leider kam Joey im vergangenen Jahr nur selten in den Genuß der mütterlichen Kochkunst, denn er war ja dauernd mit 'N SYNC auf Achse. Kleine Ausnahme: »In elf Monaten hatten wir gerade mal vier Tage frei, um an Weihnachten mit unseren Familien in Orlando feiern zu können.« Gerne erinnert sich Joey an die Tage zurück, als die Familie in ihrer damaligen Wohnung im New Yorker Stadtteil Brooklyn noch gemeinsam um den Nudeltopf sitzen konnte: »Am schönsten waren die Sonntage. Mom kochte Spaghetti, und wir saßen zusammen und tauschten den neuesten Klatsch aus.«

Joey, der am 28. Januar 1977 in New York als jüngstes von drei Kindern auf die Welt kam, weiß zwar, daß es ein recht armer Stadtteil war, in dem er aufwuchs. Aber vielleicht bescherte genau dies ihm eine schöne Jugend. »Ich hatte eine sehr glückliche Kindheit. In Brooklyn leben hauptsächlich Italiener – da ist immer was los! Sicher – niemand dort ist sehr reich. Dafür wurde aber auch viel mehr gelacht als in diesen noblen Villenvororten. Jeder kennt jeden, es ist fast wie in einer großen Familie.« Auch Joeys Familie schlug sich durch. Vater Joseph mußte mit dem wenigen Geld, das er als Streifenpolizist verdiente, sparsam umgehen, um seine Frau, Klein-Joey, Schwester Janine (24) und Bruder Steven (22) über die Runden zu bringen. Joey lernte früh, wie wichtig es ist, »daß alle wirklich zusammenhalten. Mein Bruder und meine Schwester waren meine besten Freunde. Das ist bis heute so geblieben. Ich könnte niemals einschlafen, wenn ich das Gefühl hätte, in der Familie oder in der Band schwelt irgendein Konflikt. Gott sei Dank kann man sich ja über alles ausquatschen.«

Der streng katholisch erzogene, 1,83 Meter große Wassermann-Boy (77 Kilo, Schuhgröße 46) besuchte in New York eine Schule, in der es nicht besonders locker zuging: »Es war eine katholische Jungenschule, die Saint Mary's Catholic School. Kein Wunder, daß man früh damit anfängt, den Mädchen hinterherzuschauen, wenn du nicht die Chance hast, in deinem Klassenzimmer welche zu sehen! Aber im großen und ganzen war es eine echt schöne Zeit dort, und im nachhinein muß ich sagen, daß das einzige, was mich wirklich störte, diese alberne Schuluniform war, in die ich mich immer zwängen mußte.«

Die Bretter, die die Welt bedeuten, betrat Joey im zarten Alter von drei Jahren – da spielte er bei einer Theateraufführung seines Kindergartens den »Pinocchio«. Später bekam er an der Seite seiner Schwester in der Schule die Hauptrolle bei einem Musical, das sein Vater – selbst ein aktiver Hobbymusiker – komponiert hatte. Als Joey 13 war, zog die Familie nach Orlando. Vater Joseph arbeitete als Operator bei der örtlichen Telefongesellschaft »Southern Bell«, und Mutter Phyllis jobbte als Busfahrerin für die Phillips High School, die Joey damals besuchte. »Ich war dort bestimmt kein schlechter Schüler«, erinnert er sich an die Zeit auf der Highschool, »und ich hatte meistens auch gute Noten. Allerdings nur in den Fächern, die mich wirklich interessiert haben – Singen, Drama und Theater. In Mathe dagegen kam ich gerade mal so durch.«

Orlando war für Joeys künstlerische Entwicklung das bessere Pflaster als Brooklyn, denn die Stadt mauserte sich im Laufe der Achtziger Jahre zu einem wahren Entertainment-Eldorado. Joey rührt gerne die Werbetrommel für seine Wahlheimat: »Orlando ist dabei, sich zu einem neuen Hollywood der Unterhaltungsindustrie zu entwickeln. Das fing mit Disney und den Universal Studios an, und fast jede Woche kommen neue Künstler, Musiker und Schauspieler in die Stadt. Gleichzeitig entstehen immer neue Studios, in denen Fernsehen, Musik oder Kinofilme produziert werden.«

Joeys Neigung zum Entertainment schlug sich rasch in seiner ersten, kleinen Filmrolle nieder: Für ein paar Dollar jobbte er als Komparse bei den Dreharbeiten des Films »Es war einmal in Amerika.« Joey hatte Glück – er wurde für eine Szene eingesetzt, bei der auch der Hauptdarsteller Robert DeNiro mitspielte: »Ich spielte einen schüchternen jüdischen Jungen. Die ganze Szene dauert nur 35 Sekunden. Das war ein irres Gefühl. Meine erste Nebenrolle, und schon stehe ich in der Nähe meines absoluten Filmidols!« Joey blieb am Ball und bekam bald weitere Engagements vor der Kamera, diesmal in den Universal Studios: Er spielte in mehreren Folgen der TV-Serie »SeaQuest« und bei etlichen Werbespots mit – immer unterstützt von seinem Vater: »Mein Dad hat mich zum Schauspielern animiert.«

Langsam, aber sicher war Joeys Gesicht aus den Universal Studios nicht mehr wegzudenken, und als man dort für die Besetzung einer ziemlich schrägen Revue Darsteller suchte, die nicht nur schauspielern, sondern auch singen und tanzen können, fiel die Wahl sofort auf ihn. »Ich spielte Charaktere aus bekannten Horror-Filmen wie Dracula oder den Werwolf.« Bis heute erschreckt Joey gerne ab und zu seine Freunde mit einigen Requisiten, die er damals für die Revue benutzt hat – Werwolf-Masken, ein Dracula-Gebiß und unappetitliche Fleischwunden aus Plastik, die man sich auf die Haut kleben kann. Die Show hieß »Beetlejuice Graveyard Revue« und hatte mit ihrer ungewöhnlichen Idee, tanzende Horrorgestalten bekannte Schlager aus den Fünfziger Jahren singen zu lassen, großen Erfolg. Das war eine Musik, die Joey sehr gut von Vaters Stereoanlage kannte: »Wir hörten zu Hause oft Platten von den Temptations oder Frankie Limon and the Teenagers.« Doch die Fatones kannten diese Musik nicht nur von Platten, sondern auch von der Band, in der Vater Joseph lange Zeit Sänger war: »Er hatte seine eigene Band – die Orions. Sie sind zwar nie besonders berühmt geworden, aber sie spielten perfekt diese Doo-Wop-Sachen aus den Fünfzigern. Diesen Sound bewundere ich bis heute.« Einen Sound, den Joey eine Zeitlang auch mit einer eigenen

Joey

Band spielte – er sang in einem Quintett, das sich auf A-capella-Versionen von bekannten Hits aus den Fünfziger Jahren spezialisiert hatte.

Diese Band gab es allerdings schon ein paar Monate nicht mehr, als Joey in den Universal Studios seine neuen Kumpels JC und Chris kennenlernte. Seit dem legendären Treffen auf »Pleasure Island« gab es für Joey nur noch eins: jeden Tag mit voller Power an 'N SYNC zu arbeiten. Innerhalb der Band ist er der Spezialist für die Tanz-Szenen. Lance erklärt: »Joey ist unser bester Tänzer. Frag ihn nach einem bestimmten Schritt – und er tanzt ihn dir sofort in drei verschiedenen Variationen vor!« Eine Fähigkeit, die er sich hart erarbeitet hat: »Am Anfang brauchten wir für einen Song 14 Tage, bis wir erst alle Schritte von unserem Choreographen Robert Jaquez gelernt hatten. Inzwischen geht das schneller.« Jaquez ist einer der berühmtesten Tanztrainer Amerikas. Viele Choreographien, die man in Videos und Live-Shows von Superstars wie Michael und Janet Jackson, Prince oder Paula Abdul bewundern kann, gehen auf sein Konto. »Das besondere an unserer Art zu tanzen ist, daß wir ganz viele verschiedene Kombinationen von Tanzschritten machen. Bei uns wiederholt sich nichts. Schön ist auch, daß Robert jederzeit für unsere eigenen Vorschläge offen ist. Diese Mischung aus seiner Erfahrung und unseren Ideen ergibt erst diesen unverwechselbaren 'N SYNC-Stil.«

Interessanterweise ist Joey, ein eingefleischter Fan der »Superman«-Comics, trotz seines athletischen Tanztalentes kein besonderer Freund von angesagten Sportarten wie Skaten oder Basketballspielen. Im Garten seines Elternhauses steht Joeys einziges Trimmgerät – ein Trampolin: »Das hält mich fit, und außerdem habe ich darauf immer wieder ganz kurz das Gefühl, ich könnte fliegen. Das wäre echt das Größte für mich – wenn ich einen Tag lang fliegen könnte.« Wenn die Jungs sich am Abend noch mal die Skates anziehen, um eine Runde durch die Gemeinde zu drehen, fehlt Joey. Dennoch fühlt er sich nicht ausgeschlossen – er macht einfach nur lieber andere Sachen in seiner Freizeit: »Manchmal können mich die Jungs dazu überreden, eine Runde Basketball mit ihnen zu spielen. Aber auf Rollerblades bringen sie mich nicht! Wenn die anderen mit ihren Blades unterwegs sind, ziehe ich mir ein gutes Video rein, klopfe auf meinem Schlagzeug herum, spiele am Computer oder treffe mich mit einer Freundin und gehe mit ihr ins Kino. Das finde ich viel angenehmer,« lacht er und rückt sich sein Baseballkäppi zurecht. Daheim hat er noch mehr davon. Er wohnt in dem Einfamilienhaus seiner Eltern (sein Vater war von 1966 bis 1969 als GI in Ulm stationiert), und die Wände seines Zimmers sind mit seiner Kappensammlung vollgehängt – bis jetzt sind es 30 Stück!

Beim täglichen Aufwärmtraining vor den Shows der Tournee macht Joey natürlich mit, denn »bei unserer Tanzakrobatik auf der Bühne müssen vorher unbedingt die Muskeln aufgewärmt werden. Sonst ist die Verletzungsgefahr viel zu groß.« Eine halbe Stunde vor jedem Auftritt machen sich die Jungs unter der Anleitung eines mitreisenden Karate-Lehrers (er arbeitet nebenbei auch als einer der drei 'N SYNC-Bodyguards) mit speziellen Übungen warm: Immer wieder kicken sie unter lauten

Schreien mit den Füßen gegen einen aufgehängten Sandsack, stoßen sich ab und drehen sich im Handstand um die eigene Achse. Joey, eigentlich keine große Sportskanone, erkennt in den Übungen noch einen zweiten Vorteil: »Das Training ist so hart, daß wir dabei unser Lampenfieber vergessen. Es macht uns total heiß auf die Show.«

Wenn er sich nach dem Konzert dann entspannt und geduscht in den engen Tourbus zwängen muß, macht ihm das viel weniger aus als den anderen Jungs. Während der Tournee mußten 'N SYNC oftmals in den winzigen Schlafkojen des Busses übernachten, weil sie am nächsten Morgen bereits Termine in anderen Städten hatten. Doch Joey hat einen unerschütterlichen Schlaf: »Es ging zwar sehr eng zu, der Bus wurde dennoch unser zweites Zuhause. Sonst schläfst du ja jede Nacht in einem anderen Hotel, aber der Bus begleitet dich während der gesamten Tour. Hier war auch der einzige Ort, an dem wir wirklich völlig ungestört waren. Und in meiner kleinen Koje habe ich sogar besser gepennt als im Hotelbett.« Kein Wunder, daß Joey inzwischen das Leben auf der Straße insgeheim schon wieder vermißt: »Wir hatten so viel Spaß miteinander – das werde ich nie vergessen. Ich kann es gar nicht erwarten, wieder auf Tour zu gehen.«

Doch Joey, die Stimmungskanone, kann auch ein sehr guter Zuhörer sein, wenn er sieht, daß einer seiner Kumpels ein Problem mit sich herumschleppt: »Ich bin ein unerschütterlicher Optimist. Wenn einer von uns den Kopf hängen läßt, versuche ich immer, ihn aufzuheitern.« Leider hing er vor nicht allzu langer Zeit selbst ein paar Wochen völlig durch. Der Grund: Ein guter Freund von ihm war überraschend gestorben. Sein schlimmstes Erlebnis vertraute Joey einem Reporter der Zeitschrift *HIT!* an: »Er war erst 27 Jahre alt. Wir haben eine Zeitlang miteinander gearbeitet. Es war ein totaler Schock für mich. Klar – ich habe schon vorher die Erfahrung machen müssen, jemanden, den ich kannte, zu verlieren. Ich habe meine Großeltern gekannt und war sehr traurig, als sie starben, aber irgendwie rechnet man bei älteren Menschen mit dem Tod. Meistens sind sie auch vorher schon krank oder schwächer als sonst, und man findet sich schon vorher unterbewußt mit ihrem Ableben ab. Aber einen Freund zu verlieren, der nur wenige Jahre älter ist und noch das ganze Leben vor sich hat, da kommt man total ins Straucheln mit den Gefühlen. Ich dachte immer nur: Das ist doch unfair, er hätte noch so viel erleben können. Er hatte seine Zukunft noch vor sich, und auf einmal ist er nicht mehr da, einfach so, ohne Vorzeichen. Danach habe ich die ganze Zeit darüber nachgedacht, warum er gehen mußte. War es Schicksal, oder wer bestimmt, wann es aus ist? Merkt man es schon vorher, oder kommt alles überraschend? So ein seltsames Gefühl hatte ich noch nie zuvor, und wenn ich jetzt daran denke, wird mir ganz flau im Magen. Es hat mir sehr geholfen, Justin, Lance, JC und Chris in meiner Nähe zu haben. Ich war nie mit meinem Kummer allein. Jeder, der einmal in diese Situation kommt, sollte nicht mit seiner Trauer alleine bleiben.«

## CHRISTOPHER »CHRIS« ALAN KIRKPATRICK

*Ein Spaßvogel, der sehr früh flügge werden mußte*

»Es ist schon verdammt hart, wenn du erst sieben Jahre alt bist und dein Daddy seine Familie von einem Tag auf den anderen verläßt, ohne sich jemals wieder blicken zu lassen!« Chris wird zwar von den anderen Boys der Band meistens »Lucky« (»Der Glückliche«) genannt, doch was seine Erfahrung mit Vaterfiguren betrifft, hat er in seinem ganzen Leben immer Pech gehabt. Kurz nachdem seine zweite Schwester Kate geboren wurde, machte sich sein Vater Byron aus dem Staub. Plötzlich und ohne Vorwarnung. »Ich habe oft nächtelang mit Mom darüber gesprochen, aber ich weiß bis heute nicht, warum er das gemacht hat. Ich werde ihm das nie verzeihen können.«

Das erste Lebenszeichen seines leiblichen Vaters nach 18 Jahren Sendepause bekam Chris vor sechs Monaten: »Er hat mir einen Brief geschrieben und erzählt, daß er auf einem Hausboot lebt und mich gerne treffen würde. Am liebsten hätte ich den Brief gleich zerrissen. Ich weiß noch zu gut, welche Schmerzen dieser Mann meiner Mutter zugefügt hat. Was stellt der sich denn jetzt vor – soll ich nach all den Jahren zu einem völlig fremden Mann hinfahren und ›Daddy‹ zu ihm sagen?« Chris hat sich ausgiebig mit seiner Mutter Beverly (er nennt sie »Bev«) besprochen, und sie faßten den Entschluß, nicht auf den Brief zu reagieren. Zu tief sitzt in ihnen noch die Enttäuschung und die Erinnerung an die schweren Jahre, in denen Chris und seine Schwestern Molly (22), Kate (19), Emily (14) und

Taylor (4) in Clarion (Pennsylvania) vaterlos aufwachsen mußten.

Für Chris, der am 17. Oktober 1971 geboren wurde, bedeutete das allerdings auch, frühzeitig Verantwortung zu übernehmen: »Natürlich war ich als einziger Vertreter des männlichen Geschlechtes in unserer Familie so eine Art Ersatz-Daddy für meine Schwestern. Mit 13 verdiente ich schon mein erstes eigenes Geld, indem ich in der Saison auf einer Farm half, die Schafe zu scheren.« Diese Rolle mußte Chris zumindest so lange spielen, bis die Familie nach Myrtie Beach in South Carolina (nur 1.200 Kilometer nördlich von Florida) zog und Mutter Bev sich dort in einen netten und verantwortungsvollen Mann verliebte: »Es dauerte zwar ein bißchen, aber mit der Zeit konnte ich zu meinem Stiefvater ein wunderbares Verhältnis aufbauen.« Um so schlimmer traf Chris vorletztes Jahr die Nachricht, daß sein Stiefvater an einer unheilbaren Krankheit litt. Im Frühjahr 1996 starb er, und Chris wird lange brauchen, um sich von diesem Schock zu erholen: »Er fehlt mir sehr. Ich denke, das war der schlimmste Verlust meines Lebens.«

Dadurch, daß Chris in so jungen Jahren Verantwortung für seine Geschwister übernehmen mußte, wurde er auch entsprechend früh flügge: Schon kurz nach dem Highschool-Abschluß zog er von South Carolina nach Orlando und bewarb sich bei der renommierten Showtalent-Schule »Rollins Music College«. So hart Chris' Kindheit gewesen war – der frühe Vaterverlust sorgte indirekt dafür, daß sich bei ihm ein Faible für das Entertainment entwickeln konnte: »Ich hatte in der Schule schon immer

Probleme, meine Gefühle offen zu zeigen. Wann immer ich etwas gut fand, mich etwas berührte oder ich unter einer Sache litt, konnte ich nicht darüber sprechen und kompensierte das, indem ich für meine Mitschüler den Klassenclown spielte. Anstatt ein trauriges Gesicht zu machen, schnitt ich einfach Grimassen und ließ ein paar lockere Sprüche ab.« Sein Talent, die Mitschüler zum Lachen zu bringen, fiel auch den Lehrern der Highschool auf, die ihn prompt für die Hauptrolle in dem Schultheaterstück »Oliver« auswählten. »Seit diesem Zeitpunkt wußte ich, wo ich in meinem Leben hinwollte«, erinnert sich Chris an seinen ersten Auftritt. »Ich hatte Blut geleckt, es gab kein Zurück mehr für mich. Ich wußte, daß die Bühne – egal ob als Schauspieler oder Musiker – meine Welt sein würde.«

Ein Jahr lang bekam Chris an dem Rollins-College eine fundierte Ausbildung als Chorsänger: »Ich hatte Glück, denn sie brauchten gerade einen Tenor für ihren Chor. Eine Stimme auszubilden, heißt am Anfang, vor allem das Gehör zu schulen. Und dafür gibt es keine bessere Schule als einen Chor: Du singst mit 20 oder 30 anderen Sängern und lernst, sowohl deine eigene Stimme als auch die der anderen immer gleichzeitig zu hören.« Das absolute Gehör (die Fähigkeit, ohne einen Vergleichston das mittlere »C« zu treffen) hat Chris zwar nicht, aber das Chortraining machte ihn zu einem Sänger, der sich perfekt in das Zusammenspiel mehrerer Stimmen einfügen kann. Doch bevor sich dieses Talent auch in Chris' Geldbeutel niederschlagen konnte, wollte er zunächst noch einen ordentlichen Beruf erlernen.

Deshalb schrieb er sich ein Jahr nach dem Orlando-Umzug bei der psychologischen Fakultät der dortigen Universität als Student ein. »Das war die härteste Zeit meines Lebens: Ich mußte früh um sechs Uhr aufstehen, um vor den Seminaren und Vorlesungen noch lernen zu können. Dann ging ich den ganzen Tag auf die Uni, kam nur zum Umziehen nach Hause – und schon ging es wieder los.« Damit meint Chris jedoch nicht das kunterbunte Nachtleben von Orlando: »Meine Mutter hatte nicht die Möglichkeit, meine Studiengebühren zu finanzieren. Also mußte ich Geld verdienen.« Ein Jahr lang jobbte Chris deshalb sechs Abende die Woche bis in die tiefe Nacht hinein als Kellner im »Alback Steak House«. »Das hatte wenigstens den Vorteil, daß mein Abendessen immer gesichert war«, lacht Chris.

An all diesen langen Tagen hatte er jedoch immer sein Ziel im Hinterkopf behalten – eine Showkarriere. Mit 21 endlich wurde er zu einer Audition (Vorspielen) für das TV-Musical »Hollywood High Tones« in die Universal Studios eingeladen. Für dieses Stück wurden Sänger gesucht, die in der Originalkulisse des Films »American Graffiti« in den Universal Studios alte Songs aus den Fünfziger Jahren möglichst originalgetreu interpretieren konnten. »Der Gesangstil dieser Zeit war für mich kein Problem, denn ich hatte ja eine gut ausgebildete, sehr hohe Stimme.« Chris bekam den Job gleich nach dem Vorsingen und überzeugte die Produzenten auch durch seine akrobatischen Tanzeinlagen: »Ich war eigentlich schon immer ein Sportfreak und verbrachte jede freie Minute mit Skaten auf irgendwelchen Ramps. Außerdem übte ich täglich neue Tanzschritte: Ich sah mir Videos von Michael Jackson und alte Filme mit Fred Astaire und Gene Kelly an.« Diese explosive Mischung – athletische Sprünge kombiniert mit rasanten Tanzschritten – machte Chris bald zu einem kleinen Musical-Star. Und zu einem Mädchenschwarm in Orlando. Obwohl er sich mit seinem durchtrainierten Body (70 Kilo, 1,75 Meter groß) nicht über mangelndes Interesse der örtlichen Mädchenwelt beklagen konnte, blieb es doch meistens bei kurzen Affären: »Da steckt noch die Verlustangst wegen der Sache mit meinem Vater in mir«, setzt der inzwischen diplomierte Psychologe zur gekonnten Selbstanalyse an. »Ich habe Probleme damit, mich voll und ganz auf einen Menschen einzulassen, mich zu öffnen. Ich werde erst dann wirklich lieben können, wenn ich die Angst besiegt habe, von dem Menschen, den ich liebe, verlassen zu werden.«

Vielleicht ist das auch der Grund, warum Chris vorsichtshalber »Skaten, Surfen, Basketball und Hockey« als die »essentiellen Dinge eines Mannes« bezeichnet und mit Rosen wenig anzufangen weiß: »Meine Lieblingsblumen sind Gänseblümchen. Es ist die ursprünglichste aller Blumen. Schlicht und einfach und trotzdem schön und voller Gefühl.« Deshalb bringt Chris auch nur selten Blumen mit: »Das ist eine Geste, die ich nur bei Menschen mache, die mir wirklich viel bedeuten. Ich würde einem Mädchen ganz oft Blumen mitbringen, wenn ich in sie verliebt wäre.«

Noch also können die Gänseblümchen Orlandos unbesorgt sprießen, denn Chris hat derzeit keinen Anlaß, sie zu einem Wilkommens-Sträußchen zu pflücken.

## Chris

Im Umfeld von »Hollywood High Tones« traf Chris zwar kein Mädchen fürs Leben, eine schicksalhafte Begegnung sorgte dennoch dafür, daß sein Leben völlig umgekrempelt wurde: »Eines Tages schaute JC, der ein paar Studios weiter arbeitete, nach einem Auftritt in meiner Garderobe vorbei. Wir waren uns sofort sympathisch.« Natürlich hatte JC mehrere Shows mit Chris gesehen und wußte, wie großartig sein neuer Freund singen und tanzen konnte. Ganz klar, daß Chris beim ersten Treffen mit JC, Justin und Joey dabei war und sich sofort für deren Idee, eine Pop-Band aufzuziehen, begeisterte.

Doch auch das allergrößte Talent hätte bei 'N SYNC keine Chance, wenn es nicht auch privat gefunkt hätte: »Die wahre Stärke in der Band ist die unerschütterliche Freundschaft, die uns alle miteinander verbindet.« Eine Freundschaft, in der jeder seinen Platz hat. Und der Platz von Chris ergab sich schnell wie von selbst: Er ist zwar das älteste Mitglied bei 'N SYNC, und dennoch ist er der größte Spaßvogel der Band. »Eine Party ohne Chris ist automatisch langweilig«, meint Justin. Chris hat immer einen lockeren Spruch auf den Lippen und geht selten aus dem Haus, ohne mindestens ein oder zwei Blödel-Gimmicks in der Tasche zu haben. Bei der ersten Tour mit DJ Bobo zum Beispiel alberte er im Tourbus und den Hotel-Lobbys immer mit zwei eher unappetitlichen Spaßartikeln herum: Er schockte andere Hotelbesucher und Fans mit einer Handvoll »Slime« – jener widerlichen Plastikmasse, die man an die Wand wirft und die dann langsam in schockgrünen Schleimfäden nach unten läuft. Oft setzte er auch völlig unvermittelt seine Sonnenbrille ab und erschreckte die Leute mit zwei glibbrigen Gummiaugen, die ihm aus dem Gesicht fielen. »Ich mußte immer ein sehr ernsthaftes Kind sein«, erklärt Chris seine albernen Spaße und rollt dabei mit den rehbraunen Augen, »und jetzt versuche ich einfach, den ganzen Blödsinn, den ich mir früher nicht erlauben konnte, mit der Band nachzuholen.«

Was natürlich nicht heißt, daß Chris den lieben langen Tag nur Unsinn redet. Schließlich ist er im Sternzeichen Waage geboren und somit ein idealer Gesprächspartner, wenn's um das Wälzen von Problemen geht. Jeder in der Band kann mit seinen Problemen zu ihm kommen – er muß nur darauf achten, daß er Chris alleine trifft. Dann nämlich, unter vier Augen, entpuppt sich Chris als konzentrierter und mitfühlender Zuhörer. Dann ist er wirklich das älteste und erfahrenste Bandmitglied und kann weit mehr, als nur einfache Tips geben. Schließlich hat er zwei Jahre lang Psychologie studiert und weiß, daß viele Konflikte weitaus tiefere Ursachen haben, als man es auf den ersten Blick erkennen kann. »Ich bin nicht der offizielle Bandpsychologe«, untertreibt Chris, »aber die Jungs wissen, daß sie im Notfall bei mir doch den einen oder anderen guten Tip bekommen können.« Chris kann in solchen Gesprächen eine weitere Stärke ausspielen: sein gutes Gedächtnis. Er beobachtet immer sehr genau, was um ihn herum vor sich geht, und erkennt mit Hilfe seines Studiums oft auch die größeren Zusammenhänge. Deshalb kann er in seinem riesigen Erfahrungsschatz kramen und die Probleme, mit denen die anderen zu ihm kommen, auch richtig einordnen: »Für fast jedes Problem gibt es eine Lösung, die ein anderer, der schon mal in so einer Situation war, gefunden hat.«

Daß Gewalt als Mittel zur Lösung für Konflikte nicht in Frage kommt, versteht sich für Chris von selbst: »Wir schubsen uns zwar zum Spaß ab und zu gegenseitig herum, aber ich könnte niemals jemanden schlagen. Und wenn ich die Welt zu regieren hätte, würde ich als erstes alle Diktaturen abschaffen und alle Kriege beenden. Ich finde es unerträglich, daß heutzutage noch einzelne Leute ganze Länder unterdrücken können.« Um so verwunderlicher ist es, daß ausgerechnet Chris über dem Ausziehsofa, auf dem er in seinem Zimmer der 'N SYNC-Wohngemeinschaft (mit Justin und JC) schläft, drei große Poster des Kung Fu-Stars Bruce Lee hängen hat. »Klar – Bruce hat den härtesten Schlag«, lacht Chris. »Das ist doch nur Show. Im Grunde geht es bei Kampfsportarten doch um das gleiche wie bei jedem anderen Sport: Kondition, Körperbeherrschung und die Möglichkeit, sich vollständig abzureagieren, ohne einem anderm damit zu schaden.«

Eine andere, ungefährliche Art, mit versteckten Aggressionen umzugehen, ist seine fanatische Sammelwut für alles, was mit der Comicfigur Spiderman zu tun hat. Ungefährlich deshalb, »weil Spiderman immer auf der Seite der Guten ist. Er hat diesen siebten Sinn für Gefahr, den auch echte Spinnen haben. Und immer, wenn dieser Sinn sich bei ihm meldet, kann er auf Mauern klettern und seine Netze aus den Händen abschießen. Wie bei Superman steckt auch hinter der Maske von Spiderman ein ganz normaler, lieber Kerl.«

**Chris und Jan Bolz nach dem Konzert in München am 9.11.96; © PvS Medienservice**

Chris' Schwärmerei für die Comicfigur begann in seiner frühen Kindheit – und das, obwohl er damals eine gefährliche Allergie gegen Spinnenbisse hatte: »Immer, wenn mich eine biß, fiel ich kurz darauf ohnmächtig um. Vielleicht bin ich auch gerade deshalb Spiderman-Fan geworden: Weil er mit diesen Tieren kein Problem hat – er kann sich ja selber in eine Spinne verwandeln.« Einmal, Chris war gerade erst vier Jahre alt, mischten sich Fiktion und Wirklichkeit so sehr, daß er sich fast selbst in Gefahr gebracht hätte: »Es war in einer Sommernacht, und draußen tobte ein schreckliches Gewitter. Da sah ich diese Spinne über meinem Bett und dachte mir, wenn ich die jetzt fange, in einer Nacht wie dieser, dann werde ich selber zu Spiderman. Gott sei Dank kam meine Mutter rechtzeitig ins Zimmer und hat mich davon abgehalten.« Ganz klar, daß der kleine Chris auch in einem echten Spiderman-Kostüm zum Schulball ging: »Meine Mutter hatte mir aus einem dehnbaren Stoff einen Umhang genäht, und ich schnitt mir zwei Augenschlitze in eine Skimütze, die ich über den Kopf zog. Dazu trug ich ein T-Shirt mit dem Spiderman-Logo.« Daß diese Schwärmerei bei einem Typ wie Chris inzwischen nicht mehr ganz so ernst zu nehmen ist, versteht sich von selbst: »Mit so einem Kostüm«, scherzt er, »bekommst du doch nie ein Mädchen ab!«

Einmal kam Chris selbst in eine heikle Situation, in der auch sein »Vorbild« Spiderman nicht besser reagiert hätte: »Ich war mit meinem Auto ins Drive-In-Kino gefahren, um «Batman II« zu sehen«, erinnert sich Chris an seine letzte Heldentat. »Plötzlich rollte das Auto neben uns den Hügel hinunter. Auf dem Rücksitz saßen drei kleine Kinder. Ich bin sofort hinterhergehechtet, in das fahrende Auto geklettert und habe die Handbremse gezogen. Dcr Wagen war nicht besonders schnell, und den Kindern wäre auch nichts passiert. Aber ich war trotzdem total stolz auf mich.«

Stolz kann Chris, der außer »gekochten Karotten, fiesen Menschen und meinen viel zu klein geratenen Füßen« (Schuhgröße 40!) mit nichts auf der Welt ein Problem hat, auch darauf sein, wie geschickt er die alltäglichen Probleme in der 'N SYNC-WG gelöst hat: Jeder muß sein Zimmer selbst aufräumen, Geschirr spült die Maschine, und zum Putzen muß jeder mal ran. Chris' Zimmer ist meist viel aufgeräumter als die Hotelunterkünfte, die er sich meistens mit Joey teilt: »Wenn du unterwegs bist, hast du ja auch kaum Zeit, Ordnung zu halten. Wir reißen unsere Taschen auf und verstreuen den Inhalt auf das Bett und den Fußboden.« Von Chris liegen dann garantiert immer mindestens die fünf Sachen herum, die er auf Reisen immer dabei hat: sein Rucksack, ein Stapel frischer Unterhosen, mindestens ein Paar Inline-Skates, seine Lieblings-Sonnenbrille und sein Filofax samt riesigem Adreßverzeichnis, ohne den »ich als alter Control-Freak und Dauertelefonierer völlig aufgeschmissen wäre.«

Daheim in Orlando hat Chris für seinen Kram einen riesigen Wandschrank, hinter dessen Lamellentüren aus dunklem Holz er seinen Krimskrams einfach so lange hineinstopft, bis er an die kleine Stereoanlage nicht mehr herankommt. »Spätestens dann ist es Zeit, sich von ein paar Sachen zu trennen.« Nicht trennen kann sich Chris von seinen geliebten Inline-Skatern (er hat acht Paar davon im Schrank), seinen CDs (alles von Michael Jackson, etliche alte Soul-Scheiben, aber auch einen Stapel härterer Gruppen von Offspring bis Greenday) und von der großen Sammlung mit Trikots und Wimpeln seiner Lieblings-Eishockeymannschaft (Pittsburgh), die an die Wand gegenüber dem Bett gepinnt sind. Rechts davon, auf einer weißen Schubladenkommode, stehen ordentlich gerahmt die Fotos der Menschen, die Chris besonders viel bedeuten: seine Großeltern, einige Arbeitskollegen aus den Universal-Studios, Mutter Bev, Schwesterchen Taylor und Avery, der kleine Sohn seiner Schwester Molly. Ein Foto des Vaters, in den Zimmern der anderen Jungs selbstverständlich auf Ehrenplätzen zu finden, steht bei Chris nicht.

Diplomierter Psychologe und Spaßvogel, treusorgender Bruder und Spiderman-Fan, Bandseelsorger und Supersportler – Chris hat derart viele Facetten, daß sogar Joey, sonst bestimmt nicht auf den Mund gefallen, nach Worten ringen muß, wenn er seinen Bandkollegen charakterisieren soll: »Chris ist zwar der älteste von uns, aber auch der verrückteste. Irgendwie fehlen mir die Worte, ihn zu beschreiben. Chris ist einfach Chris – man muß ihn schon selbst erlebt haben!« Lassen wir deshalb lieber Chris selber in den Spiegel schauen: »Hey – ich bin einfach nur ein ganz normaler Typ, mit dem man sauviel Spaß haben kann.«

# JOSHUA SCOTT »JC« CHASEZ

*Der heimliche Chef von 'N SYNC*

»Ich weiß, daß das in meinem Alter ziemlich albern klingt – aber ich werde Mickey Mouse bis ans Ende meiner Tage lieben.« Wer die Geschichte von JCs Karriere im Showgeschäft kennt, wird diesen Treueschwur sofort verstehen können, denn Joshua wäre ohne die Hilfe der flotten Disney-Maus heute ganz bestimmt nicht auf dem Weg zum Weltstar. JC wurde am 8. August 1976 in Washington geboren und wuchs mit Vater Roy, Mutter Karen, Schwester Heather (19) und seinem Bruder Tyler (17) in Bowie (Maryland) auf. Er ist auch der einzige 'N SYNC, der schon mal dem Präsidenten der Vereinigten Staaten die Hände schütteln durfte. Freilich nicht in seiner Funktion als Popstar. JCs Vater Roy arbeitet als Computerexperte für die Regierung und hatte seinen Sohn einmal zu einem Empfang beim Präsidenten mitbringen dürfen.

Joshua, der sich erinnert, ein »wildes Kind« gewesen zu sein, das »oft nach Kletterabenteuern auf Bäumen und kleinen Raufereien mit anderen Schülern mit etlichen Schrammen und Kratzern nach Hause gekommen ist«, entdeckte früh seine Freude am anderen Geschlecht: »Ich war eigentlich bis zur siebten Klasse ein gar nicht mal so schlechter Schüler. Dann bildete ich mir ein, es würde den Mädchen imponieren, wenn ich den coolen Typ raushängen lasse und im Unterricht nicht aufpasse, sondern irgendwelchen Blödsinn mache.« Prompt bekam er ein grottenschlechtes Zeugnis. »Meine Eltern waren echt verzweifelt, weil sie wollten, daß ich wie mein Dad irgendwann mal aufs College gehen sollte. Leider interessierte ich mich immer weniger für die Schule und hatte die Idee, eine Schreinerlehre zu machen.«

Daß ein Sänger und kein Schreiner aus Joshua geworden ist, hat er in erster Linie seiner Mutter zu verdanken. Kurz nach seinem 13. Geburtstag las sie zufällig eine Anzeige in der Zeitung, in der die MGM-Studios in Orlando junge, talentierte Leute aufrief, zu einem Casting für einen geplanten Kinderfilm in Orlando zu erscheinen. »Meine Mutter meinte, das wäre doch besser, als mich in eine Schreinerlehre zu schicken. Also setzten wir uns in ein Flugzeug und flogen runter nach Florida.« Das Casting war eine herbe Enttäuschung für Mutter und Sohn Chasez: Die Leute vom Film hatten nur zwei Rollen zu besetzen, die eine war für einen Neunjährigen, die andere für einen 18jährigen geschrieben. Pech für JC: Er war 13 und kam deshalb für keine der beiden Rollen in Frage. Allerdings war die Auswahljury von JCs Vorführung (er sang einen selbstkomponierten Song und tanzte dazu) so beeindruckt, daß sie mal kurz bei ihren Kollegen drei Studios weiter anriefen und fragten, ob dort Bedarf für ein junges Showtalent herrsche. »Sie grinsten irgendwie komisch und schickten uns dort hinüber. Als wir in das riesige Fernsehstudio kamen, verstanden wir, warum: 5.000 junge Leute aus ganz Amerika warteten dort darauf, ihr Können zu zeigen.«

JC und seine Mutter erfuhren erst jetzt: Sie waren zufällig in die Endausscheidung des Castings für die Hauptrollen in der TV-Show »Mickey Mouse Club«, der beliebtesten Kinder- und Jugendsendung der USA, geraten! »Mir blieb echt die Spucke weg«, erinnert sich JC an die bangen Stunden vor seinem großen Auftritt. Immerhin hatten sich sage und schreibe 70.000 junge Showtalente für die Jobs beworben, und nur ein kleiner Teil von ihnen war nach Orlando eingeladen worden. JC unterdrückte sein Lampenfieber, so gut er konnte, legte eine flotte Show auf das Parkett – und bekam die Rolle. »Ich bewegte mich ganz unbefangen vor der Kamera, sang und tanzte – und irgendwie schienen sie sofort einen Narren an mir gefressen zu haben. Das war das erste Mal, daß ich so ein unverschämtes Glück in meinem Leben hatte. Das zweite Mal hieß das Glück dann ›'N SYNC!‹« Was JC bei seinem Probeauftritt nicht wußte: Auch Joey war in die Endausscheidung der letzten 5.000 gekommen und saß an diesem Tag nur ein paar Startplätze von Joshua entfernt. Joey erinnert sich: »Ich hab's zwar bis zum Finale geschafft, aber ich muß neidlos anerkennen, daß da einige dabei waren, die damals noch viel mehr drauf hatten – JC zum Beispiel.«

Die Aussicht, eine Karriere beim Fernsehen zu machen, ließ JC schnell seine früheren Schreiner-Träume vergessen. Er zog gemeinsam mit seinem Vater nach Orlando und mauserte sich bald zu einem der beliebtesten Entertainer des »Mickey Mouse Club«. Ein Junge, mit dem er später noch sehr viel zu tun haben würde, war einer seiner engsten Kollegen: Justin. »Wir haben etliche Shows zusammen gemacht, gemeinsam in Sketchen gespielt und damals schon begonnen, eigene Songs zu schreiben, die wir auch zusammen vor der Kamera gesungen haben.« Justin spielte schon ganz gut Gitarre, JC hatte Keyboard und Gitarre gelernt, so daß sie ein perfektes musikalisches Rüstzeug hatten, um sich zu den musikalischen Köpfen von 'N SYNC mausern zu können. Die beiden standen für den Disney-Konzern schon lange vor der 'N SYNC-Gründung im Plattenstudio: »Wir haben sogar eine eigene LP eingespielt und sind mit dieser Disney-Band durch die Lande getourt.«

Kein Wunder also, daß es neben Justin vor allem JC dazu drängt, so bald wie möglich eigene Songs auf ein 'N SYNC-Album zu bekommen. Auf der ersten LP stammt ja ausschließlich »Giddy Up« von ihnen, doch schon beim nächsten Album soll es ganz anders sein: »Das wichtigste im Showgeschäft ist es, immer zu wissen, wo man steht und wie gut man wirklich ist. Einige meiner eigenen Songs kamen zwar in die Auswahl für das erste Album, aber ich muß ehrlich sagen, daß sie noch nicht so gut waren wie die der anderen Komponisten.« Doch JC arbeitet mit voller Energie an seinen eigenen Songs weiter. Ein paar von ihnen (wie zum Beispiel »This Feels Right«) hat 'N SYNC bei der letzten Tournee bereits live auf der Bühne getestet – sie kamen bei den Fans super an. Das liegt zum einen an der langen Erfahrung, die JC mit dem Komponieren hat, aber auch an seiner Herangehensweise an die eigenen Stücke, die sich kaum von der Art unterscheidet, wie alle großen Songwriter der Popgeschichte arbeiten: »Ich schreibe meine Songs meistens aus einer konkreten Situation heraus. Ich erlebe etwas, sehe oder höre etwas und mache mir dann meine Gedanken dazu. Manchmal ist die Musik zuerst da, und danach fällt mir der Text ein, meistens ist es allerdings umgekehrt. Wenn ich einen Text schreibe, suche ich also vor allem nach den richtigen Worten, um mein Gefühl zu beschreiben, das ich in einer bestimmten Situation hatte. Ähnlich ist es bei der Musik: Ich versetze mich zurück in die Situation, höre auf meine Gefühle und versuche, sie auf der Tastatur oder den Saiten auszudrücken.«

Letzteres sind die Momente, in denen weder Fans noch die anderen Jungs JC, der sonst für alles ein offenes Ohr hat, ansprechen dürfen. So geschehen zum Beispiel Anfang März in Hamburg: Nach einem verdammt anstrengenden Tag – 'N SYNC hatten zunächst ihr Konzert in der »Großen Freiheit« gespielt und anschließend noch ihren Part für »Hand In Hand For Children« im Plattenstudio eingesungen – herrscht im Foyer des Crest-Hotels hektisches Treiben. Dutzende von Fans bejubeln die Jungs, wollen Autogramme haben und Fotos machen. Nur JC sitzt in der Ecke in einem schweren Ledersessel, das Kinn auf die linke Hand gestützt. Die rechte Hand trommelt mit einem Bleistift einen Rhythmus auf die Glasplatte des Tisches, dazu summt er eine Melodie. Ab und zu erhellt sich sein Gesicht, und er kritzelt ein paar Noten auf ein Blatt Papier. Zwei Mädchen stürzen auf ihn zu und winken mit ihren Poesiealben. Im letzten Moment schiebt sich mit einer katzenhaften Bewegung Joey dazwischen. Sanft nimmt er die Fans zur Seite und flüstert ihnen ins Ohr »Ihr müßt schon mit mir vorlieb nehmen. JC darf jetzt nicht gestört werden – die Muse küßt ihn gerade.« Wer weiß – vielleicht hat Joey damit einen genialen neuen 'N SYNC-Song gerettet, und die beiden Fans werden sich freuen, dieses Stück nur deshalb auf dem nächsten Album hören zu können, weil sie den Meister im entscheidenden Moment in Ruhe haben arbeiten lassen!

Arbeit – das ist ohnehin das zentrale Wort für JCs Leben, denn auch seine Zeit beim »Mickey Mouse Club« war kein Zuckerschlecken: »Das war echt ein knochenharter Job. Wir spielten im Studio vor Live-Publikum und mußten immer alles geben. Manchmal war ich bis zu 55 Stunden pro Woche vor den Kameras und mußte nebenbei noch versuchen, irgendwie meinen Schulabschluß auf die Reihe zu bekommen.« Das ist auch das einzige, was JC bereut – daß er sich an der Schule nicht die Zeit nehmen konnte, dort noch weitere Musik-Kurse zu besuchen: »Ich würde gerne noch ein drittes Instrument beherrschen und von der Kompositionstheorie mehr verstehen.« Braucht er eigentlich nicht, denn er ist auch so ein hervorragender Songschreiber, dem man seine langjährige Vorliebe für die musikalische Arbeit seines Vorbildes Stevie Wonder immer wieder anmerkt: »Stevie Wonder ist für mich immer noch der Beste. Er singt seit 20 Jahren auf seine ganz spezielle Art, und noch nie hat es einer geschafft, Rhythm & Blues besser als er zu singen.«

Mit seinem 18. Geburtstag war JC aus dem »Mickey Mouse Club« herausgewachsen: »Ich hatte die Altersgrenze erreicht und mußte neuen, jüngeren Talenten Platz machen.« Joshua war volljährig, und sein Vater sah, daß der Sohn das Vertrauen, das er jahrelang in ihn gesetzt hat, niemals mißbrauchen würde. Er wußte, daß JC nun reif genug war, für sich selbst zu sorgen – und er konnte sich sicher sein, daß Joshua niemals auf die

falsche Bahn geraten wird. »Mein Dad konnte beruhigt zu meiner Familie zurückkehren. Ihm war klar, daß ich es allein schaffen würde und schlimme Dinge wie Alkohol oder Drogen niemals anfassen würde«, erinnert sich JC, der bis heute noch immer am liebsten Mineralwasser trinkt. Er mußte nicht lange auf die nächste große Chance warten: Nachdem JC ein paar Wochen als Bauarbeiter gejobbt hatte, fand bereits das legendäre erste 'N SYNC-Treffen auf »Pleasure Island« statt.

JC gilt als alter Showbiz-Hase, obwohl er nicht der älteste in der Band ist. Seine Freunde sehen ihn als den ruhenden Pol bei 'N SYNC. Die anderen Jungs nennen ihn »Big Daddy«, und wann immer der Trubel um sie herum zu groß wird, suchen sie JCs Nähe. Auch Joey ist von der Gelassenheit seines Freundes tief beeindruckt: »JC ist der Ernsthafteste in der Band. Manchmal, wenn wir abends noch ausgehen und ein bißchen Spaß haben wollen, erinnert er uns daran, daß wir am nächsten Morgen vielleicht ein anstrengendes Interview haben oder eine Fotosession, zu der wir besser mit ausgeschlafenen Gesichtern aufkreuzen sollten.« Deshalb ist der 1,79 Meter große JC (69 Kilo, Schuhgröße 45) mit seiner ruhigen, besonnenen Art auch der geborene Schlichter von Konflikten, die es in jeder Band mal geben kann: »Natürlich haben wir manchmal Meinungsverschiedenheiten. Mir selbst zum Beispiel geht es sofort nahe, wenn ich sehe, daß etwas falsch oder unfair ist. Am liebsten überdenke ich solche Dinge erst mal in meiner täglichen Grübelstunde – direkt vor dem Einschlafen. Das ist meistens besser, als sofort aufzubrausen. Wenn du eine Nacht darüber geschlafen hast, weißt du eher, wie ernst du eine Sache zu nehmen hast. Und dann reden wir ausführlich darüber.«

JC ist mit Leib und Seele 'N SYNC und liebt an jedem der anderen Jungs dessen persönliche Eigenheiten: »Lance zum Beispiel ist ein sehr ausgeglichener Typ, der aber, wenn's darauf ankommt, auch richtig Vollgas geben kann. Joey dagegen hat eine unglaublich positive Ausstrahlung: Egal, was passiert, irgendwie bringt er dich immer zum Lachen. Auch Chris ist eine totale Stimmungskanone – er bringt auch die lahmste Party noch auf Touren. Und Justin – ich kenne ihn ja am längsten von allen – ist der geborene Entertainer und ein wirklich guter Songschreiber. Außerdem ist er irgendwie der große Denker in der Band. Wenn er nur lange genug über eine Sache nachgrübelt, fallen ihm Sachen ein, auf die kein anderer von uns im Leben gekommen wäre.«

In seiner ohnehin knappen Freizeit spielt JC am liebsten Football (Lieblingsmannschaft: die Washington Redskins) oder schreibt Songs an der Gitarre und seinem Keyboard, das er im Keller des Hauses in Orlando aufgestellt hat, in dem er zusammen mit Justin und Chris wohnt. Er bewohnt das kleinste Schlafzimmer des Hauses – aber die paar Quadratmeter reichen ihm, um seine formidable Sammlung von Speisekarten der Hard Rock Cafés aus aller Welt an die Wand zu hängen (inzwischen hat er sich 23 verschiedene »geklaut«). Über dem Kingsize-Wasserbett mit kunstvoll geschwungenem Schmiedeeisenrahmen hängt eine weitere kleine Sammlung – seltene Kleideretiketten. Ansonsten liegen bei JC vor allem Telefonkarten herum, denn »ich vergesse oft, Kleingeld mitzunehmen, und habe deshalb zur Sicherheit immer ein paar von diesen Karten in der Tasche.« In JCs Kleiderschrank herrscht schwarz als Hauptfarbe (»mit schwarzen Klamotten bist du eigentlich so gut wie immer passend gekleidet und kannst auch als Mann mit blauen Augen alles dazu kombinieren, ohne gleich wie ein bunter Papagei auszusehen«). Wenn er am Abend vom Essen in einem seiner geliebten Chinarestaurants nach Hause kommt, entspannt er sich am liebsten bei seinen Jazz- oder R&B-Platten (er hat mehrere Hundert CDs und Vinyl-LPs im Schrank). Zu seinen Lieblings-CDs gehören »Nothing Like The Sun« von Sting, Michael Jacksons »History«, »Brown Sugar« von D'Angelo und Brian McKnights »Both Of Them.« Manchmal schaltet er seine Stereoanlage erst gar nicht ein und sieht sich statt dessen einen seiner Lieblingsfilme auf Video an. Am besten gefallen ihm Filme mit Harrison Ford oder Meg Ryan, sein absoluter Lieblingsstreifen aber ist und bleibt »Star Wars«.

Was natürlich nicht heißen soll, daß JC ein schlaffer Stubenhocker ist. Wenn sich die anderen in der 'N SYNC-WG am Abend fertig machen und um die Häuser ziehen wollen, ist er immer dabei – es sei denn, am nächsten Morgen wartet ein schwerer Job. »Als wir zum Beispiel für die letzte Tour geprobt haben, waren wir am Abend meistens zu fertig, um noch groß wegzugehen. Manchmal aber waren die anderen von der Arbeit so überdreht, daß man sie kaum bremsen konnte. Dann mußte ich einfach manchmal ein kleines, aber nettes Machtwort sprechen.« Schließlich muß er sich seinen Spitznamen »Big Daddy«

immer wieder aufs neue verdienen. Mit Erfolg, denn was 'N SYNC bei der letzten Tour geleistet haben, wäre bei diversen nächtlichen Ausschweifungen während der Proben nicht zustande gekommen. »Das wichtigste war, daß wir wirklich live singen wollten«, erklärt JC. »Es ist unglaublich schwierig, gleichzeitig zu tanzen und dabei auch noch richtig zu singen. Wenn du das nicht beinhart einübst, kommst du auf der Bühne nach drei Songs außer Puste und enttäuschst die Fans.« Damit es erst gar nicht so weit kommt, erlernten JC und seine Freunde komplizierte Atemtechniken von ihren Gesanglehrern: »In jedem Song gibt es ganz bestimmte Stellen, an denen du Luft holen kannst. Diese sogenannten ›Atempunkte‹ muß man erst mal finden. Wenn du diese Stellen gefunden hast, kommst du mühelos über den Song, ohne dich bei deinen Tanzeinlagen behindert zu fühlen.« 'N SYNCs Gesanglehrer trainierte darüber hinaus zwei Wochen lang die Lungenstärke seiner Schüler mit einer raffinierten Übung. JC führt sie vor: Er bläst zur Demonstration seine Backen fast so dick auf, wie das einst der Trompeter Louis Armstrong konnte, hält ein Stück Papier an die Wand und versucht, es nur mit der ausgeblasenen Atemluft in der Schwebe zu halten. »Ich war meistens der Sieger«, lacht JC. Die Jungs schaffen die Übung ein bis zwei Minuten lang, JCs Bestzeit liegt bei zwei Minuten und acht Sekunden.

In vielen Situationen ist JC ein Vorbild für die Boys in der Band. Er selbst dagegen blickt nach wie vor zu seinem Vater auf: »Er hat mir beigebracht, daß kein Mensch auf der Welt perfekt ist und man tolerant mit den Fehlern seiner Mitmenschen umgehen muß.« Und er hat ihm gezeigt, daß man auch Opfer bringen muß, wenn man ganz nach oben will: »Mein Dad hat damals sogar den Job gewechselt, um mir die Karriere beim »Mickey Mouse Club« zu ermöglichen. Das werde ich ihm nie vergessen. Er hat immer alles für mich gegeben, und meinen jetzigen Erfolg verdanke ich zum größten Teil ihm.«

## JAMES LANCE »LANSTEN« BASS

*Der stille Blonde mit der tiefen Stimme*

»Ich kann Ihnen Cheeseburger empfehlen, die sind heute besonders frisch. Wollen Sie das Fleisch medium oder ganz durchgebraten?« Den drei weiblichen Gästen im Berliner »Hard Rock Café« bleibt die Spucke weg: Erst hatten sie das wahnsinnige Glück, zur Abschlußparty von 'N SYNCs »I Want You Back«-Tournee eingeladen zu werden – und jetzt bedient sie auch noch Lance höchstpersönlich! Sie ahnen nicht, daß sie mit ihrem Privatkellner sogar doppeltes Glück hatten, denn Lance, der ja als letzter zur Kernmannschaft von 'N SYNC gestoßen war, gilt eigentlich als das mit Abstand schüchternste Bandmitglied. »Auf jeden Fall bin ich der Stillste von uns allen«, bekennt der zurückhaltende Blonde mit den hellgrün leuchtenden Augen. »Ich stehe nicht so gerne voll im Rampenlicht, und bei Interviews ist es mir eigentlich viel lieber, wenn die anderen reden und ich mir meine Gedanken dazu machen kann.« Dann greift er auch schon mal in seine Jackentasche und holt eine Tüte mit Knabbersachen heraus, denn »ich bekomme oft in den unmöglichsten Situationen einen brennenden Heißhunger.«

Schon in seiner Kindheit galt Lance nicht gerade als ein wilder Junge. Er wurde am 4. Mai 1979 in Laurel, Mississippi, geboren und zog 1989 mit seinen Eltern und seiner älteren Schwester Stacy ins nahegelegene Clinton. »Natürlich war ich nicht der Typ, der immer in der Ecke stand und von den anderen gehänselt wurde. Aber mir war es meistens lieber, wenn die anderen auf mich zugekommen sind und ich nicht den ersten Schritt tun mußte.« Daran hat sich bis heute nicht allzuviel geändert: »Manchmal wird er richtig verlegen, wenn ihn ein Mädchen direkt um ein Autogramm bittet«, berichtet Chris. Deshalb hatte Lance schnell seinen Spitznamen in der Band weg: »Shy Guy« (Schüchterner Typ).

Lance entdeckte seine Liebe zur Musik im Elternhaus auf ganz einfache Art und Weise – nur ein paar Schritte von seinem Kinderzimmer entfernt stand in der Wohnhalle das Klavier seines Vaters Jim. »Es war ein ziemlich alter Kasten«, lacht er, »aber es klang gut und war korrekt gestimmt. Ich versuchte, mir die Noten der Hits, die ich im Radio hörte, zu merken und die Songs auf dem Klavier nachzuspielen.« Bei dieser Gelegenheit merkte Lance, daß er sich am leichtesten dabei tat, die tieferen Töne der Songs zu singen – und das, obwohl er noch Jahre vom Stimmbruch entfernt war. Auch die Musiklehrer seiner Schule kamen schnell dahinter, mit Lance einen der wenigen Schüler zu haben, die im Chor für das nötige Bariton-Fundament sorgen können. »Ich sang nicht nur die Bass-Linien. Meine Stimme hatte in der mittleren Tonlage eine ungewöhnlich große Durchsetzungskraft. Deshalb durfte ich im Schulchor seit meinem zwölften Geburtstag auch viele Solo-Parts singen.«

Das sprach sich schnell bis zu den Leitern des örtlichen Show-Chores »Mississippi Showstoppers« herum, und Lance wurde zum Vorsingen eingeladen. Schon am nächsten Tag hatte er die erste Probe mit dem Chor, der – gesponsert vom Landwirtschaftsmuseum des Staates Mississippi – kleinere Tourneen durch diesen südlichen

US-Staat absolvierte. Natürlich waren auch Lances erste musikalische Einflüsse stark regional geprägt: »In Mississippi hört man vor allem Country & Western-Musik. Für mich ist bis heute Garth Brooks der Beste. Er ist vielleicht nicht der beste Sänger der Welt, aber seine Songs, seine Shows – das ist einfach Spitze.«

Mit seinem Engagement bei den »Showstoppers« hatte Lance das erste Mal in seinem Leben die Chance, durch Singen sein Taschengeld ein wenig aufzubessern. Das erste eigene Geld verdiente er sich zwei Jahre vorher – allerdings nicht mit Musik: »Ich habe in der Schule einmal »Poofoo« gespielt – das war bei einer Werbeveranstaltung für ein neues Kinderbuch. Poofoo war ein Hund, der in dem Buch die Hauptrolle spielte. Dazu schlüpfte ich in ein Dalmatinerkostüm und machte Fotos von meinen Mitschülern.«

Gute Bariton-Stimmen sind auch in Amerika rar, und so war es nur eine Frage der Zeit, bis Lances Talent den Managern der bekanntesten Singgemeinschaft Amerikas auffiel: dem Show-Chor »Attache«. »Wir tourten permanent durch das ganze Land«, erklärt Lance. »Ich mußte mich wirklich zusammenreißen, daß meine Noten nicht darunter litten.« Das nämlich wäre für ihn doppelt unangenehm gewesen, denn erstens ist seine Mutter Diane Lehrerin (auch Lances Schwester Stacy (22) studiert mittlerweile für das Lehramt), und zweitens hatte er damals ganz andere, viel höher reichende Träume: »Ich wollte unbedingt Astronaut werden.« Und dieses Berufsziel war für Lance weit mehr als nur die übliche Schwärmerei eines kleinen Jungen für besondere Berufe wie Hochseekapitän oder Feuerwehrhauptmann. Lance arbeitete jahrelang konzentriert darauf hin, die Aufnahmeprüfungen der NASA zu bestehen: »Ich habe die Nachwuchstests im Spacecamp der NASA mit der absoluten Bestnote bestanden«, erinnert sich Lance voller Stolz. »Mathematik, Physik und logisches Denken waren für mich ein Kinderspiel. Sogar den Härtetest im Beschleunigungssimulator habe ich geschafft. Dabei sitzt man angeschnallt im Inneren einer großen Metallkugel, die wie bei einem Karussell irre schnell um ihre eigene Achse rotiert. Als sie mich da rausholten, war ich zwar ziemlich grün im Gesicht, konnte aber trotzdem noch halbwegs aufrecht gehen.«

Lance hatte einen sehr guten Eindruck bei den Prüfern im Spacecamp hinterlassen – sie gaben ihm die schriftliche Zusage mit nach Hause, daß er nach seinem 18. Geburtstag einen festen Ausbildungsplatz bei der NASA bekommt. Lance wäre also vielleicht in ein paar Jahren der erste Mann auf dem Mars gewesen – wenn nicht irgendwann einmal das Telefon bei ihm geklingelt hätte: »Hi, ich bin Justin aus Orlando. Wir haben eine Popgruppe, der noch die Bariton-Stimme fehlt. Ich habe gehört, daß du in dieser Stimmlage singst – willst du nicht bei uns vorbeikommen, damit wir uns mal kennenlernen können?« Lance erfuhr, daß jener Justin lange Zeit von seinem ehemaligen Gesanglehrer aus Memphis betreut worden war. Mutter Diane war zunächst skeptisch: »Orlando ist weit weg von Clinton, und Lance war ja noch nicht einmal volljährig.« Dennoch begleitete sie ihren Sohn zum ersten Treffen mit Justin, JC, Chris und Joey nach Florida.

**Lynn Harless (Mutter von Justin, rechts) und Diane Bass (Mutter von Lance) mit Stofftier Backstage am 31.9.96 in Hannover; © PvS Medienservice**

»Es war eine glückliche Fügung des Schicksals«, freut sich Lance bis heute darüber, diesen Termin nicht abgesagt zu haben. »Es funkte sofort zwischen uns: Wir verstanden uns auf Anhieb, und auch meine Stimme war genau das, was dem 'N SYNC-Sound noch fehlte.« Diane erfuhr später, daß sie selbst in diesem Spiel zunächst als der große Unsicherheitsfaktor galt: »Lances Gesanglehrer kannte die Jungs und war sich sicher, den passenden fünften Mann gefunden zu haben. Er hatte nur Zweifel, ob die Mutter mitspielen würde.« Und tatsächlich hat sich Diane die Entscheidung nicht leicht gemacht: »Mein Mann und ich haben eine Woche lang fast nicht geschlafen, doch die Entscheidung war eigentlich klar – wir konnten ihm das nicht verbieten.«

Die restlichen Jungs waren von Lance so begeistert, daß sie ihn am liebsten sofort bei sich behalten hätten. Lances Eltern reagierten blitzartig: Vater Jim, ein gelernter Chemiker, fand schnell eine neue Stelle als Laborleiter in Orlando und mietete eine schicke Dreizimmerwohnung für sich und seinen Sohn. Mutter Diane blieb mit ihrer Tochter Stacy zunächst in Clinton zurück, denn in Orlando war auf die Schnelle für sie kein neuer Job zu finden. Obwohl Lance sich gleich bis über beide Ohren in die Arbeit mit 'N SYNC stürzte, hatte er lange Zeit großes Heimweh: »Die erste Zeit in Florida war wirklich sehr schwer für mich. Ich kannte außer den Jungs von meiner Band niemanden dort, vermißte meine alten Freunde sehr und hatte auch wegen der vielen Arbeit kaum Zeit, dort neue Freunde kennenzulernen. Aber Justin, JC, Chris und Joey haben mich aufgenommen wie Brüder. Sie trösteten mich, wenn ich traurig war, und nahmen mich immer mit, wenn es was zu feiern gab. Und das gab es ziemlich oft.«

Doch am schwersten fiel Lance die Trennung von seiner damaligen Freundin Mandy. Sie war seine erste große Liebe. Die beiden waren erst vier Monate zusammen, als das Angebot von 'N SYNC kam. »Ich mußte mich zwischen Mandy und der Gruppe entscheiden«, sagt Lance mit tieftraurigem Gesicht. »Wir haben stundenlang geheult und uns versprochen, den Kontakt niemals abreißen zu lassen und für immer gute Freunde zu bleiben.« Viel Zeit zum Grübeln darüber, ob es die richtige Entscheidung war, hat Lance mittlerweile ohnehin nicht mehr, denn er ist pausenlos mit seinen neuen Freunden quer über den Erdball unterwegs: »Mein Lebensstil hat sich völlig geändert. Wir haben kein Privatleben mehr und sind 24 Stunden am Tag beschäftigt – und wir sind dabei immer unter Strom! Außerdem besuchen wir viele Länder, die ich noch nie in meinem Leben vorher gesehen habe. Das ist großartig!«

Lances Schwester wird in Kürze heiraten und ihre eigene Familie gründen. Deshalb fiel es Mutter Diane nicht mehr so schwer, ihren Job in Clinton zu kündigen. Bei den ersten beiden 'N SYNC-Tourneen reiste sie mit der Band durch Deutschland, kümmerte sich um die Garderobe der Jungs und half gemeinsam mit Justins Mutter Lynn hinter den Kulissen kräftig mit. Für den Tourmanager Mike Morin war die Mitarbeit von Diane und Lynn »eine echte Entlastung. Die Jungs sind wirklich nette Kerle, und sie packen alles, was sie machen, sehr professionell an. Also hab ich wenig Ärger mit ihnen. Aber das liegt auch daran, daß immer zwei der Mütter dabei sind – da trauen sich auch die anderen Jungs nicht so viel, weil sie Angst haben, die Mütter könnten das ihren eigenen Eltern weitererzählen.« Diane macht ihre Aufgabe im Musikbusiness inzwischen so viel Spaß, daß sie nun endgültig in das neugekaufte Haus im schnieken Orlando-Vorort »Park Terrace« umgezogen ist. Dort hat Lance endlich genügend Platz, seine Fitness-Maschinen aufzustellen: »Es ist oft drückend heiß in Orlando, und ich habe keine Lust, bei dieser Hitze draußen zu joggen.« Deshalb läuft er lieber täglich mindestens eine halbe Stunde lang auf einem elektrischen Laufband-Trainer, um sich fit zu halten. Natürlich gefällt es ihm in dem neuen Haus viel besser als in der Dreizimmerwohnung, die er sich zuvor mit seinem Vater teilte. Mit einer Einschränkung: »Als Mom noch in Clinton gewohnt hat, mußte ich mein Zimmer nur dann aufräumen, wenn sie zu Besuch kam. Ich bin im Grunde ein total schlampiger Mensch. Aber jetzt wohnt sie im Haus, und ich muß einmal die Woche meine CDs, Klamotten und Zeitschriften aufräumen.« Doch Diane ist keine übertrieben strenge Mutter. Sie wacht zwar vorsichtshalber über das Geld, das Lance im Moment zu verdienen beginnt, hat allerdings keine Angst, daß er die Scheine für Blödsinn aus dem Fenster wirft: »Da mache ich mir keine Sorgen. Er hat schon als kleines Kind immer sein Geld gut zusammengehalten. Natürlich darf er sich kaufen, was er will, aber er hat keine besonders teuren Wünsche: einen Walkman, Turnschuhe und ab und zu mal ein neues Videospiel – ich glaube nicht, daß ihm das Geld jemals zu Kopfe steigen wird.«

Daß Lance inzwischen in Deutschland ein gefeierter Star ist, daran hat sich der 1,78 Meter große Mädchenschwarm (66 Kilo, Schuhgröße 44) gewöhnt. Doch als er nach Abschluß der »I Want You Back«-Tournee endlich Zeit fand, seine Schwester und die alten Freunde in Clinton zu besuchen, haute ihn die Welle der Begeisterung um: »Stacy heiratet demnächst. Wir haben nächtelang gequatscht, und ich zeigte ihr die Videos, die wir bei der Tour gemacht haben. Sie war völlig von den Socken, daß wir in Deutschland so einen großen Erfolg haben – auch meine Großeltern waren überwältigt.« Doch Lances triumphale Heimkehr zog noch viel weitere Kreise: »Ein

## Lance

© Fryderyk Gabowicz/BMG Ariola

guter Freund nahm mich in ein Hotel mit. Er führte mich in den abgedunkelten Festsaal. Als plötzlich die Lichter angingen, sah ich, was er vorbereitet hatte – eine riesige Willkommensparty mit über 50 Gästen!« Am Tag nach der großen Feier wurde er bei einem Besuch seiner alten Highschool wie ein Popstar empfangen und mußte seinen früheren Lehrerinnen sogar Autogramme geben. »Das ist unglaublich – wir haben in Amerika doch bislang noch keine einzige Platte veröffentlicht!« Lance bedankte sich bei dem Direktor der Schule mit einem außergewöhnlichen Präsent: Er schenkte ihm die Goldene Schallplatte, die er für die ersten 250.000 in Deutschland verkauften Singles von »I Want You Back« bekommen hatte. Jetzt hängt sie über dem Schreibtisch des Direx – gleich neben der obligatorischen US-Flagge.

Diese Dankbarkeit seiner Schule gegenüber hat einen tieferen Grund: Als Kind einer Lehrerin wußte Lance immer, wie wichtig eine ordentliche Ausbildung ist. Mit Hilfe seiner Mutter und einigen Tutoren schaffte er trotz der 'N SYNC-Verpflichtungen Anfang dieses Jahres seinen Highschool-Abschluß. Seit Mai geht seine Schulausbildung neben aller Bandtermine munter weiter. In den USA gibt es – anders als in Deutschland – Studienprogramme, die exakt auf die Bedürfnisse von jungen Leuten zugeschnitten sind, die es aus beruflichen Gründen nicht schaffen, komplette Semester am Stück an einer Uni zu verbringen. Junge Popmusiker, Spitzensportler oder Twens, die mit ihren Eltern durch die Lande reisen müssen, können auf diese Weise trotzdem einen Hochschulabschluß machen. Lance schrieb sich im Frühjahr

Die Boys von 'N SYNC -- gutgelaunt wie immer! © Fryderyk Gabowicz/BMG Ariola

Oben links: **Auftritt als Vorgruppe von DJ Bobo in Hannover.**
**© PvS medienservice**
Oben rechts: **Chris mit Kuscheltieren nach dem Auftritt in der Münchner Olympiahalle.**
**© PvS medienservice**

Rechte Seite:
Oben: **Auftritt als Vorgruppe von DJ Bobo in Hannover.**
**© PvS medienservice**
Unten: **Thomas Stein, Geschäftsführer von BMG Ariola, mit »seinen« Jungs.**
**© JAT-Photo/BMG Ariola**

Links: **Im Tourbus: Justin, Joey und Lance packen die neuen Bühnenklamotten aus.**
**© PvS medienservice**

Oben: **Generalprobe für »Chart Attack« in Mannheim (mit Moderator Kena Amoa).**
**© PvS medienservice**

Rechte Seite:
Oben: **'N SYNC nach der Show mit Fans im Tourbus.**
**© PvS medienservice**
Unten: **'N SYNC mit den drei Gewinnern der Aktion »Treffen mit 'N SYNC« backstage in Hannover.**
**© PvS medienservice**

Links: **JC beim Singen in Toni Cotturas »Booya Music« Tonstudio in Hamburg.**
**© PvS medienservice**

Fünf Freunde – nicht nur durch ihre Musik! © Fryderyk Gabowicz/BMG Ariola

bei einem dieser Fernkurse ein und ist seitdem offiziell Student an der Universität von Nebraska.

»Ich habe mit den Hauptfächern Englisch und Geschichte begonnen, später werde ich mich auf Wirtschaft und Management spezialisieren«, erklärt der frischgebackene Student. Darüber wundert sich niemand, denn keiner der 'N SYNC-Jungs hat sich von Anfang an derart intensiv für die Arbeit ihrer Manager Johnny Wright und Lou Pearlman interessiert wie Lance. Wann immer er dazu Gelegenheit hat, löchert er die beiden mit Fachfragen und schaut sich ihre Tricks ab: »Managing und Produzieren – dafür sind Johnny und Lou die besten Lehrer der Welt. Was die beiden drauf haben, kannst du an keiner Uni erlernen. Ich möchte irgendwann einmal so clever und erfolgreich wie sie werden.« Das Zeug dazu hat er – das erkennt auch sein Freund und Kollege Joey neidlos an: »Mit Lance kann man viel Spaß haben, man kann sich aber auch sehr ernsthaft mit ihm über die geschäftlichen Dinge unterhalten. Er macht sich viele Gedanken über Verträge, Management und so. Ich denke, er wird irgendwann einmal selber Bands managen.«

# GIDDY UP

## Justin, Lance, JC, Chris und Joey lassen im Interview die Hosen runter

**Angeblich habt ihr euch selbst als Band gefunden und seid nicht – wie andere Boygroups – von einem Manager zusammengestellt worden. Mal ehrlich: stimmt das wirklich?**

**Joey:** Wir wissen, daß es Gruppen gibt, bei denen sogar die Lebensläufe der einzelnen Musiker gefälscht sind. Aber Lügen haben immer kurze Beine. Bei uns ist alles wahr.

**Was habt ihr vor 'N SYNC gemacht?**

**JC:** Ich habe in Orlando als Entertainer in der TV-Show Mickey Mouse Club gearbeitet. Justin war auch dabei. In dieser Kindersendung mußten wir singen, moderieren, tanzen und in kleinen Sketchen schauspielern. Wir haben damals schon unsere eigenen Songs geschrieben, sie vor der Kamera live gesungen, dazu getanzt und sogar unsere eigenen, kleinen Musikvideos gemacht.

**Chris:** Ich habe früher mit einem Freund zusammen in verschiedenen Cafés Gitarre gespielt und gesungen. Es kamen immer mehr Musiker dazu, so daß wir am Schluß sogar als Septett durch die Clubs getingelt sind.

**Joey:** Ich hatte einige Nebenrollen in Kinofilmen und spielte in der TV-Serie SeaQuest mit. Später machte ich für die Universal Studios bei deren Beetlejuice Graveyard Revue mit – wir mußten singen, tanzen und schauspielern.

**Lance:** Ich habe in dem Show-Chor Attache gesungen. Wir haben viele Auszeichnungen bekommen und sind durch ganz Amerika getourt. Attache gilt übrigens als der beste Show-Chor der Welt.

**Und wie kamt ihr auf die Idee, eine Band zu gründen?**

**Joey:** Eigentlich kannte jeder über Umwege schon alle anderen in der Gruppe. Chris zum Beispiel kannte ich aus den Universal Studios, für die er damals arbeitete.

**JC:** Justin lernte ich kennen, als er wegen seines Engagements für den Mickey Mouse Club nach Orlando zog. Er wurde einer meiner besten Freunde. Irgendwann rief mich Joey an und fragte mich, ob ich Chris kenne. Klar kannte ich ihn – er war ein alter Kumpel von mir. Und ich meinte, wir sollten uns mal treffen und darüber quatschen, ob wir zusammen eine Popgruppe gründen können.

**Joey:** Unser erstes Treffen hatten wir in dem Vergnügungspark Pleasure Island. Wir mußten nicht lange herumreden – es war sofort klar, daß wir eine Band gründen wollten. Und es klickte auch gleich zwischen uns.

**Einer fehlte aber noch ...**

**JC:** Nach den ersten Proben merkten wir, daß unsere Stimmen relativ nahe beieinander liegen. Wir hatten zwar kein Problem damit, die mittleren und hohen Stimmlagen unter uns aufzuteilen, aber irgendwie fehlte unserem Sound noch das Fundament. Mit gutem Training kannst du zwar dein Stimmvolumen nach oben ausweiten, nach unten sind jedem Menschen natürliche Grenzen gesetzt, die man einfach akzeptieren muß. Also suchten wir nach einer passenden Bass-Stimme.

**Justin:** Ich fragte meinen ehemaligen Gesanglehrer in Memphis, ob er nicht einen guten Sänger mit tiefer Stimme kenne. Er gab mir die Telefonnummer von Lance. Sofort rief ich bei ihm an und fragte ihn, ob er nicht mal für eine Probe nach Orlando kommen wolle.

**JC:** Er kam also in den Proberaum, wir sangen ein paar Stücke zusammen und wollten ihn danach gar nicht mehr nach Hause fahren lassen.

**Lance:** Die Chemie hat sofort gestimmt. Meine Mutter konnte eine Woche lang nicht schlafen. Am Ende hat sie einem Umzug aber Gott sei Dank zugestimmt.

**Joey:** Wir fünf zusammen – das war echt wahnsinnig! Wir probten bis zum Umfallen, jeden Tag bis zu zwölf Stunden.

**Wer kam eigentlich auf diesen, für eine Band recht ungewöhnlichen Namen 'N SYNC?**

**Justin:** Ehrlich gestanden – es war meine Mutter, die auf diese Idee kam. Wir saßen eines Tages an einem Tisch, aßen Pizza und überlegten, wie wir die Gruppe nennen sollten. Plötzlich sagte meine Ma: Ihr sagt doch in jedem vierten Satz, wie toll in sync (in sich synchron) ihr seid – dann nennt euch doch einfach so. Ich kritzelte also den Namen auf eine Serviette. Irgendwie sah er geschrieben nicht so gut aus. Chris meinte, wir würden beim Sprechen das I von IN SYNC sowieso verschlucken. Also strichen wir den ersten Buchstaben weg – und plötzlich fiel uns auf, daß jetzt die jeweils letzten Buchstaben unserer Vornamen da standen. Es war ein magischer Moment!

**Wie kamt ihr zu eurem Manager Johnny Wright?**

**JC:** Eines Tages klingelte mein Telefon. Der Typ hieß Johnny Wright und kaute mir erst einmal ein Ohr ab. Ich unterbrach ihn und fragte: Sorry, aber wer bitte ist Johnny Wright? Er sagte, er sei Manager, und er meinte: Gebt mir eine Chance, laß uns miteinander reden und schaut, ob ihr mit mir klarkommt.

**Joey:** Er kam dann zu uns nach Hause und erzählte uns,

was er macht und was er sich mit uns vorstellt. Wir merkten sofort: Das ist unser Mann, das ist das fehlende Teil in unserem Puzzle.

**DJ Bobo hat kein Geld dafür verlangt, euch als Vorgruppe auf seine Tournee mitzunehmen. Das ist in einer Branche, in der es vor allem um den Profit geht, recht ungewöhnlich.**

**Joey:** Er hat wirklich ein großes Herz für Kollegen, die erst am Anfang ihrer Karriere stehen. Bobo ist einer der bescheidensten Menschen, die ich jemals kennengelernt habe. Er war unglaublich nett zu uns. Er gab uns zu einem Zeitpunkt eine Chance, zu dem sich das kein anderer getraut hätte.

**JC:** Kein Mensch auf der Welt wußte, wer wir waren. Wir hatten noch nicht einmal unsere erste Single veröffentlicht – und er hat uns trotzdem auf seine Tour mitgenommen. Bobo ist ein wunderbarer Mensch.

**Was waren eure ersten Eindrücke von Deutschland, als ihr im vergangenen Herbst hierherkamt?**

**Joey:** Das hier ist wirklich ein wunderbares Land, die Leute sind sehr, sehr nett zu uns.

**J.C.:** Ich war zuvor schon mal im Urlaub in Europa, auch in Frankfurt und Heidelberg. Aber da war ich noch sehr jung und habe nicht so viel mitbekommen.

**Chris:** Als wir noch klein waren, dachten wir, daß es außer Amerika nicht mehr gibt auf der Welt – vielleicht mal abgesehen von Kanada. Und dann kamen wir hierher und sahen, daß es noch viel mehr gibt auf der Welt.

**J.C.:** Auch wenn es manchmal Verständigungsprobleme gibt. Ich hab neulich zwei Sechserportionen Chicken McNuggets bestellt. Die Frau am Tresen hatte sich aber verhört und gab mir statt dessen zwölf Cheeseburger. Ich konnte ihr leider nicht auf deutsch erklären, daß ich die nicht wollte. Also habe ich sie einfach aufgegessen.

**Justin:** Angeber – die haben wir alle zusammen gegessen!

**Habt ihr hier Dinge gesehen, die es bei euch in Orlando nicht gibt?**

**Lance:** Wiener Schnitzel

**Chris:** Das ist echt lecker. Ich habe mal versucht, zu Hause welche zu braten – aber ich wußte nicht genau, was das für ein Zeug rings um das Fleisch ist. Eier und Mehl? Irgendwie sind sie mir nicht so gut gelungen.

**J.C.:** Es gibt dieses Getränk hier – Apfelschorle. Großartig! Das haben wir nicht in Amerika!

**Joey:** Und diese Überraschungseier – eine geniale Idee!

**Habt ihr auch schon schlechte Erfahrungen in Deutschland gemacht?**

**Chris:** Wir waren letztes Jahr einen Abend lang auf dem Oktoberfest in München. Das war eigentlich sehr schön. Aber irgendwann waren alle um uns herum betrunken und pöbelten Leute an. Doch wir grinsten nur unauffällig und hielten uns weiterhin an unsere Cola-Dosen.

**Es muß ein schwerer Schritt für euch gewesen sein – plötzlich Tausende Kilometer weg von zu Hause zu leben.**

**Lance:** Ab und zu sind wir ja noch ein paar Tage in Orlando. Aber du hast recht – im Grunde leben wir eher in Europa.

**JC:** Wir alle wußten, daß wir Opfer bringen müssen. Ich selbst hatte mich eigentlich ganz gut auf diese Umstellung vorbereitet. Außerdem war es für viele von uns auch ein ganz normaler Zeitpunkt, das Elternhaus zu verlassen und irgendwo anders hinzuziehen. Dieses Alter, so zwischen 18 und 24, ist doch für die meisten die Zeit, in der sie sich verändern. Man macht eine Ausbildung oder wechselt die Stadt, um irgendwo zu studieren.

**Justin:** Trotzdem vermisse ich manchmal meine Familie. Aber ab und zu haben wir mal einen Tag frei, da kann ich dann ausgiebig mit Dad telefonieren.

**JC:** Meine Telefonrechnung ist manchmal so dick wie ein Buch. Ich telefoniere oft mehrmals am Tag mit Freunden oder meiner Familie. Und immer wollen sie wissen, wo ich gerade bin, wie es dort aussieht – und ob ich ihnen nicht irgendein typisches Geschenk aus dieser Stadt mitbringen könnte.

**Chris:** Kleine Sachen bringen wir schon mit, aber wenn jeder von uns allen Verwandten und Freunden aus jeder Stadt Deutschlands ein Souvenir besorgen würde, müßten wir ein eigenes Frachtflugzeug chartern!

**Bei der ersten Tour waren zwar von Stadt zu Stadt mehr 'N SYNC-Fans zu sehen, aber so richtig ging es erst mit eurer Tournee im Frühjahr los.**

**JC:** Das war der totale Wahnsinn! Wir hatten gerade erst die eine Single draußen, die zweite Single erschien kurz vor der Tour. Das heißt doch, daß die Fans gekommen sind, obwohl sie erst höchstens zwei Songs von uns kannten.

**Joey: Ja, das war schon irre, was bei den Konzerten abging.**

**JC:** Allerdings waren wir auch sehr gut vorbereitet. Zwei Wochen lang haben wir jeden Tag zehn bis zwölf Stunden geübt, um diese körperlich anstrengende, einstündige Show auf die Bühne zu stellen. Und bei den Konzerten tanzten wir uns die Seele aus dem Leib – alles, was wir hatten, warfen wir in dieser Zeit auf die Bühne.

**Andere Künstler helfen sich in solchen Situationen mit Playbacks und bewegen auf der Bühne nur noch die Lippen dazu.**

**J.C.:** Für mich wäre das ein Betrug an den Fans, das könnte ich nie tun. Unsere Show halten wir nur deshalb durch, weil wir vorher ein ausgedehntes Konditionstraining machen. Wir arbeiten hart an unserer Kondition. Und trotzdem brauchen wir auf der Bühne die eine oder andere Verschnaufpause.

**Joey:** Es ist völlig egal, ob du fünf oder 50 Songs spielst. Du mußt so oder so in jedem Moment deine gesamte Energie mobilisieren können.

**Justin:** In Orlando üben wir immer in einer Lagerhalle, die keine Klimaanlage hat – das stählt, wenn du viermal die Woche stundenlang bei 40 Grad Hitze herumspringst.

**Chris:** Noch nicht einmal wir können eine schnelle Nummer nach der anderen durchziehen und dabei singen. Das schaffen nur die allergrößten wie Michael Jackson – und sogar er braucht bei seinen Konzerten zwischendrin ein paar Pausen. Deshalb ist unsere Show eine ausgewogene Mischung aus schnellen Nummern und Balladen – nur so sind wir in der Lage, uns wirklich auf jeden einzelnen Song voll zu konzentrieren.

**Seid ihr lieber im Plattenstudio oder auf der Bühne?**

**Joey:** Sicher ist es auch spannend, im Studio zu stehen und an neuen Songs zu arbeiten. Aber live zu spielen ist das Größte. Das ist die wahre Belohnung für all den Schweiß, die Arbeit und die Mühe, die du vorher investiert hast.

**JC:** Weil es so unmittelbar ist. Du hast die Fans direkt vor dir, Auge in Auge. Das ist die direkteste Kommunikation: Wenn du Mist baust, merken sie es sofort. Aber wenn dir etwas gelingt, bekommst du auch sofort Applaus!

**Joey:** Wir freuen uns deshalb ganz besonders auf die kommende Tour im Herbst. Bisher hatten wir ja immer die Musik vom Tonband und sangen live dazu. Das bedeutet, daß du die Songs exakt so, wie sie auf dem Album sind, bringen mußt. Jetzt haben wir eine Live-Band dabei und können unsere Songs endlich auf der Bühne viel spontaner gestalten, können beim Spielen viel mehr auf die Fans eingehen.

**Seht ihr Unterschiede zwischen den Fans in Amerika und Deutschland?**

**J.C.:** In den Staaten sitzen sie in den Hallen und klatschen. Hier in Deutschland geht viel mehr ab. Hier stehen sie das ganze Konzert über, klatschen, singen, tanzen und schreien mit. Die Fans in Deutschland zeigen viel mehr Begeisterung. Da hat man eher das Gefühl, vom Publikum etwas zu bekommen, was wir ihm dann wieder voll zurückgeben können.

**Habt ihr nicht manchmal Angst vor der Hysterie, die ihr damit auslöst?**

**JC:** Die Mädchen haben einfach soviel Energie – irgendwie muß die ja raus. Das ist auch nicht viel anders als auf dem Sportplatz: Man schreit herum, flippt aus, gibt alles. Und am Schluß ist man herrlich ausgepowert, total befreit. Und was ist schöner, als dabei auch noch die Musik zu hören, die man liebt?

**Chris:** Ich bin vor vielen Jahren bei Michael Jackson genauso ausgeflippt wie heute die Mädchen bei unseren Konzerten. Ich denke nur, daß es für alle – wie auch für mich – wichtig ist, daß man bei aller Schwärmerei nicht sein eigenes Leben aus den Augen verliert.

**Ihr habt es so unglaublich schnell geschafft – kommt ihr da überhaupt noch mit?**

**Chris:** Ich verstehe das, denn ich habe eine Menge Bücher gelesen, hihihi. Im Ernst – das traf uns alle wie der Blitz aus heiterem Himmel.

**Justin:** Alles um uns herum wird von Woche zu Woche hektischer. Wir haben immer weniger Zeit. Und trotzdem versuchen wir, jede freie Minute mit unseren Fans zu reden.

**Chris:** Einerseits ist es schon toll, wenn ich hier in Deutschland das Radio anmache und einer unserer Songs läuft gerade. Oder wenn ich höre und sehe, wie die Fans bei unseren Hits wirklich jede einzelne Textzeile mitsingen können. Auf der anderen Seite wird es für uns auch immer schwieriger, uns in der Öffentlichkeit zu bewegen. Inzwischen ist es für uns schon ein Problem, einfach nur rauszugehen. Zu McDonalds oder so. Aber wir wußten ja, worauf wir uns einlassen, als wir den großen Plattenvertrag unterschrieben haben.

**J.C.:** Wir sind trotzdem ganz normale Leute geblieben, die sich nicht auf einen Sockel über den Rest der Welt stellen. Wir wollen nichts weiter, als akzeptiert zu werden.

**Wie schafft ihr es, bei all dem Erfolgsrummel nicht abzuheben?**

**Lance:** Wir halten uns gegenseitig auf dem Boden und passen darauf auf, daß keiner von uns zu sehr abhebt.

**Justin:** Das schützt uns auch davor, Erfolg mit Macht zu verwechseln. In gewisser Weise haben wir natürlich Einfluß auf unsere Fans, aber wir achten darauf, diese Macht für gute Dinge einzusetzen. Wir wollen ein positives Beispiel vorleben: zeigen, wie gute Freundschaft funktioniert, wie wichtig Harmonie im Leben ist, wie schlimm Rassismus und Vorurteile sind. Und wir wollen den Fans klarmachen, daß sie auf jeden Fall von Drogen die Finger lassen sollen. Wir sehen das ja an uns selbst:

**Wir sind sehr positiv dem Leben gegenüber eingestellt und ernten deshalb auch nur positive Reaktionen.**

**Chris:** Uns kommt sehr zugute, daß wir schon so lange miteinander befreundet sind. Wenn jetzt zum Beispiel einer von uns ein Problem hat, kommt es oft vor, daß ein anderer in der Band ein ähnliches Problem schon mal gelöst hat. Und der kann ihm dann wirklich gute Tips geben.

**Joey:** Das interessante an dem Rummel, den wir um uns herum ausgelöst haben, ist ja, daß dies auch ein sehr guter Test dafür ist, wie tief unsere Freundschaften untereinander wirklich sind. Man hat ja oft von berühmten Bands gehört, daß sie sich gegenseitig nach einer gewissen Zeit persönlich nicht mehr ausstehen konnten. Das geht soweit, daß die Musiker sogar in getrennten Autos zu den Konzerten fahren, auf der Bühne so tun, als seien sie die besten Freunde, und nach dem Konzert fahren sie wieder getrennt in die Hotels. So könnte ich niemals leben.

**Fühlt ihr euch eigentlich wohl in der Boygroup-Schublade?**

**Joey:** Bevor wir nach Europa kamen, hatten wir das Wort »Boygroup« noch nie gehört. Wir dachten, man nennt uns so, weil viele Mädchen zu unseren Konzerten kommen. Gut – wir sind fünf Jungs, die Musik machen. Also gehören wir da schon irgendwie dazu. Aber dafür können wir nichts. Vorher waren wir eine Gesanggruppe aus Amerika. Wir sind nicht nach Europa gekommen, um eine Boygroup zu werden. Wir sind auch völlig anders als viele dieser Gruppen: Wir dürfen machen, was wir wollen. Niemand schreibt uns vor, was wir anziehen müssen, oder daß wir keine Freundinnen haben dürfen. Wir sind einfach nur wir selbst.

**Lance:** Man sagt, daß es Gruppen gibt, die von ihren Managern zusammengestellt wurden, obwohl sie nicht singen können. Das konnten wir uns gar nicht vorstellen – das ist doch Betrug!

**Chris:** Ich habe gehört, daß viele dieser Gruppen noch nicht einmal in erster Linie dafür zusammengestellt wurden, um Musik zu machen, sondern um Poster, T-Shirts und Album-Cover zu verkaufen. Es gibt so viele gute Bands, die ehrliche und gute Musik machen, ohne dabei hübsch auszusehen – denen würde ich viel eher den Durchbruch gönnen. Wenn einer gut aussieht und keine Musik machen kann, dann sollte er auch nicht Musiker werden, sondern Model!

**Was wäre, wenn es 'N SYNC plötzlich nicht mehr gebe?**

**Chris:** Es ist schwer zu sagen, was irgendwann einmal passieren könnte. Im Moment sind wir voll und ganz auf das konzentriert, was wir gerade machen. Wir legen unsere ganze Kraft in diese Gruppe.

**J.C.:** Wir waren schon befreundet, bevor es die Gruppe gab. Und das wird auch noch so sein, wenn es vielleicht irgendwann 'N SYNC nicht mehr gibt.

**Könnt ihr euch vorstellen, mit 50 noch zusammen auf der Bühne zu stehen?**

**Justin:** Klar – aber dann wahrscheinlich ohne Handstand!

**Joey:** Wir stehen ja erst am Anfang unserer Karriere. Das ist wie bei einer Beziehung mit einem Mädchen: Wenn du dir zu Beginn der Liebe schon Gedanken darüber machst, ob und wie sie mal zu Ende gehen könnte, liebst du das Girl nicht wirklich. Genausowenig zerbrechen wir uns jetzt darüber den Kopf, wie lange wir als Band noch zusammen spielen können. Und wenn du an die Rolling Stones denkst – die sind weit über 50 und spielen immer noch zusammen!

**Chris:** Unser Vorteil ist, daß wir als gute Freunde wirklich über alles reden können. Viele Streitereien in Bands schaukeln sich ja nur deshalb hoch, weil die Leute nicht miteinander reden können und ihre Probleme in sich hineinfressen. Ich bin mir ganz sicher: Solange wir offen und ehrlich über alles miteinander reden können, sind wir unverwundbar.

# I NEED LOVE

## 'N SYNC und die Liebe

**JUSTIN: »Liebeskummer macht mich total fertig.«**

Das könnte den Sonnenbanken in Deutschland eine Menge neuer Kunden bringen: »Ich finde Mädchen mit dunklerer Haut total schön«, bekennt Justin. Aber das betrifft nur den ersten Blick, und Justin sieht immer mindestens zweimal hin: »Irgendwie ist natürlich jeder Mensch auf seine Weise attraktiv. Doch auch wenn ein Girl noch so schön ist, könnte ich mit ihr nichts anfangen, wenn sie mich nicht versteht. Sie sollte auch immer für mich da sein, so wie ich immer für sie da sein möchte. Und noch etwas kann ich mir nicht vorstellen: jemals ein Mädchen zu küssen, das Zigaretten raucht.« Noch ist all das eher Theorie in Justins Leben, denn er war noch nie richtig bis über beide Ohren verliebt: »Ich warte immer darauf, daß der Blitz bei mir einschlägt, es ist bis jetzt nur noch nicht passiert. Ich bin ja auch noch jung und muß nichts überstürzen.« Im Moment müßte ein Girl auch das Unmögliche schaffen können, für Justin wichtiger zu werden als seine Band. Da sieht er schwarz: »Richtig verliebt wäre ich erst dann, wenn ich mit einem Mädchen mehr Zeit als mit den Jungs aus der Gruppe verbringen wollte. Und das kann ich mir im Moment nun wirklich nicht vorstellen.« Genausowenig kann er sich vorstellen, eigene Kinder zu haben: »Vielleicht mit 80«, lacht er. »Aber im Ernst – ich finde, es sollten nur wirklich erwachsene Menschen Kinder bekommen. Und mit dem Erwachsenwerden will ich mir lieber noch ein paar Jahre Zeit lassen.«

Ein einziges Mal ist er mit einem Mädchen gegangen – und diese Erfahrung hat ihn im nachhinein eher vorsichtig gemacht: »Ich hatte mich in Dunia verknallt. Wir waren neun Monate zusammen, dann hat sie mich verlassen. Ich weiß, daß sie nicht meine ganz große Liebe war, aber es tat trotzdem sehr weh. Der Liebeskummer hat mich echt fertiggemacht – ich hatte nicht mal mehr Lust, auszugehen. Ich war verletzt und zog mich wie gelähmt in mein Schneckenhaus zurück.« Justin ist auch kein Draufgänger. Wenn ihm ein Mädchen gefällt, ist er meistens so aufgeregt, daß er kaum einen Ton herausbringt: »Oder ich erzähle ihr nur noch Blödsinn«. Er findet es ohnehin recht kompliziert, die Girls zu verstehen: »Schickt man rote Rosen, kriegt man eine Abfuhr. Macht man nichts, laufen sie einem hinterher. Manchmal verstehe ich die Mädchen einfach nicht!«

**LANCE: »Ich bekam meinen ersten Kuß schon im Kindergarten.«**

Lance ist wieder solo, weil er sich bei seinem Umzug nach Orlando von seiner Freundin Mandy trennen mußte. Für Mandy ist dennoch der untere Schlafplatz in seinem Stockbett stets reserviert. Lance, der bis heute die Halskette trägt, die sie ihm geschenkt hat, pennt oben, und wann immer ihn Mandy in Orlando besuchen kommt, schläft sie in dem unteren Bett. »Man sagt das immer so leichtfertig nach einer Trennung, daß man gute Freunde bleiben will. Aber bei Mandy und mir hat das wirklich funktioniert. Ab und zu besucht sie mich. Wir können über alles reden, lachen viel miteinander. Sie schläft in demselben Zimmer wie ich, trotzdem haben wir kein Problem damit, daß wir jetzt, wo wir ja nicht mehr zusammen sind, auch nicht mehr miteinander kuscheln können.« Wie seine Freunde von 'N SYNC kann sich auch Lance nicht vorstellen, im Moment eine feste Beziehung am Leben erhalten zu können: »Durch die Studioarbeit und unsere Proben blieb mir am Anfang in Orlando keine Zeit, andere Leute kennenzulernen. Und jetzt sind wir ja dauernd unterwegs.« Das klingt sehr realistisch, doch im Grunde seines Herzens ist Lance ein echter Romantiker: »Ich würde mit meinem Traumgirl stundenlang am Strand spazieren gehen, bis die Sonne im Meer versinkt. Ich liebe es, den warmen Sand unter meinen Füßen zu spüren. Und wenn ich dabei dann noch das Mädchen meiner Träume in den Armen halten könnte – wow! Ich führe Mädchen gern zum Essen aus und habe auch schon selbst gekocht. Außerdem liebe ich Rosen und vergesse nie, bei einem Rendezvous Blumen mitzubringen. Wenn ich eine Freundin habe, bin ich total treu und könnte sie niemals belügen oder gar betrügen. Wahrscheinlich würde sie mir das sofort anmerken.«

An seinen ersten Kuß kann er sich noch gut erinnern, obwohl es schon lange her ist. Es passierte nämlich im Kindergarten: »Dort traf ich Betthany, die meine erste Kindergartenfreundin wurde. Als sie dort auf einem Fest zur »Königin für einen Tag« ernannt wurde, gab ich ihr ganz schüchtern einen Kuß auf den Mund. Das war aber noch nicht so ein richtiger Kuß wie der, den ich mit neun Jahren einem Girl namens Lindy beim Flaschendrehen gegeben habe: Wenn die Flasche das erste Mal auf dich zeigte, mußtest du ein Mädchen auf die Wange küssen, beim zweiten Mal auf den Mund und beim dritten Mal auf die Zunge. Aber meine erste richtige Freundin war tatsächlich – auch wenn ich damals noch so jung war – Betthany. Wir waren fast fünf Jahre zusammen, wenn man das so nennen kann in diesem Alter. Wir haben gemeinsam alles mögliche gemacht: Händchenhalten, Fernseh- und Videogucken, sind mal ins Kinderkino gegangen oder zum Eis essen.«

Vor etwa einem Jahr traf er dann Mandy, »in die ich mich ganz toll verliebt habe – mit Herzklopfen und so. Ich war immer total aufgeregt, wenn wir uns getroffen haben. Schade, daß wir nur so kurz zusammen waren.« Ansonsten ist ihm die Optik bei einem Girl ziemlich egal, ihm sind die inneren Werte viel wichtiger: »Der Charakter spielt für mich die größte Rolle. Und wir sollten die gleiche Einstellung zu den wichtigen Dingen haben. Sie sollte ein positiv denkender Mensch sein, an sich selbst glauben und auch mein Interesse für die Musik teilen.«

**CHRIS: »Ich warte noch auf die Schmetterlinge in meinem Bauch.«**

Seine erste Freundin hatte Chris mit zwölf: »Sie hieß Diane. Sie fragte mich, ob ich mit ihr gehen wolle, und ich sagte ›klar doch‹. Wir waren ungefähr einen oder zwei Monate zusammen. Dann zog meine Familie von Pennsylvania nach South Carolina. Das ist sehr weit weg, und deshalb haben wir uns getrennt.« Seinen ersten Kuß bekam Chris aber nicht von Diane. Das passierte schon zwei Jahre früher – und nicht unbedingt freiwillig für ihn: »Ich war zehn Jahre alt. Wir spielten ein Spiel, das wir »kiss tag« nannten: Die Mädchen mußten hinter den Jungs her rennen, und wenn sie einen erwischt hatten, durften sie ihn küssen. Hinter mir war ein Mädchen namens Sue her. Als ich um eine Ecke bog, stand sie plötzlich vor mir, hielt mich fest und küßte mich. Ich war total schockiert und konnte es einfach nicht glauben. Sie war viel größer und stärker als ich. Das war echt gemein – ich hatte nicht den Hauch einer Chance. Seitdem habe ich ein Problem mit Mädchen, die größer sind als ich.« Chris sieht sich selbst als »unruhigen, rastlosen Typen. Ich fühle mich in einer Beziehung schnell eingeengt.« Der Schock, als Kind von seinem Vater verlassen worden zu sein, steckt noch immer tief in ihm. Vielleicht hat er auch deshalb Probleme, sich voll und ganz einem anderen Menschen zu öffnen: »Für mich ist es sehr schwer, mich ganz und gar auf jemanden einzulassen, weil irgendwo in mir die Angst ist, von einem Menschen, den ich liebe, verlassen zu werden.«

Chris hatte im Laufe der Jahre zwar schon die eine oder andere Freundin, wartet im Grunde allerdings noch immer auf die große Liebe seines Lebens. »Es gab Mädchen, die ich sehr lieb hatte. Aber ob ich sie wirklich vom Grunde meines Herzens geliebt habe, kann ich nicht sagen. Die berühmten Schmetterlinge in meinem Bauch habe ich jedenfalls noch nicht flattern gespürt.« Zur Zeit müssen die Schmetterlinge ohnehin ruhen, denn das aufreibende 'N SYNC-Leben läßt sich auch für Chris nicht mit einer festen Beziehung vereinbaren. Er findet es gemein, in so einer Situation einem Girl den Kopf zu verdrehen: »Die einzigen Leute, mit denen wir im Moment länger als eine Woche am Stück in Kontakt bleiben können, sind wir selbst und vielleicht noch ein paar Leute aus der Crew, die Manager und die Leibwächter. Wie sollte sich da eine Beziehung zu einem Mädchen entwickeln können? So eine Liebe braucht doch Hege und Pflege, man muß viel Zeit füreinander haben. Und ich finde: Wenn man schon weiß, daß man diese Zeit ohnehin nicht hat, wäre es doch echt gemein, Mädchen anzubaggern und ihnen Hoffnungen zu machen, die keiner von uns – zumindest im Moment – erfüllen kann.« Vielleicht ist Chris einfach nur noch nicht das absolute Traumgirl über den Weg gelaufen. Das muß für ihn ein Mädchen sein, mit dem er über alles reden kann, das seine Interessen teilt und ihn als Mensch verstehen will. Dabei bevorzugt Chris keinen bestimmten Mädchentyp: »Meine Freundinnen sahen immer anders aus.« Das ist ein bißchen geschwindelt, denn oft hatten zwei Freundinnen, die Chris nacheinander hatte, die gleiche Frisur oder den gleichen Vornamen. »Rein zufällig«, wehrt er ab, »das hatte sich einfach so ergeben.« Wenn es denn aber einmal richtig knallt, will Chris seiner Angebeteten auf jeden Fall treu bleiben, dann lebt er nur noch für sie. So ähnlich war es auch schon bei seinen bisherigen Freundinnen. Wenn er in festen Händen war und zum Beispiel ein anderes Mädchen traf, sagte er ihr: »Sorry, ich kann mich leider nicht mit dir unterhalten. Du bist zu hübsch – und ich habe eine feste Freundin!« Auch wenn Chris absolute Treue wichtig findet, ist er dennoch kein Freund von Romantik – oder zumindest dem, was man normalerweise darunter versteht: »Diese klassischen Dinge wie Rosen oder Kerzenlicht finde ich zu einfallslos. Ich denke lieber lange darüber nach, womit ich dem Mädchen eine Freude machen kann. Es sollte eine echte Überraschung sein, etwas, das dem Girl klarmacht, wieviel es mir wirklich bedeutet. Das nenne ich wahre Romantik!«

**JOEY: »Ich war einmal mit zwei Girls gleichzeitig zusammen!«**

Joey hat zur Zeit keine Freundin, weil es ihm so geht wie allen bei 'N SYNC: »Durch die vielen Reisen ist man ständig unterwegs, so daß ich gar keine Zeit für eine feste Beziehung hätte. Ich finde es zwar sehr schade, aber es hätte deshalb wirklich wenig Sinn, sich auf ein Girl einzulassen.« Trotzdem ist er in Sachen Liebe der mit Abstand erfahrenste bei 'N SYNC. Kein Wunder, fließt doch in seinen Adern heißes, italienisches Lover-Blut. Wenn er ein Girl trifft, das ihm gefällt, sieht er ihr zunächst tief in die Augen. »Das sagt mir eher, was sie gerade fühlt, als ein auch noch so gewinnendes Lächeln.« Wichtig ist für ihn, daß sein Mädchen nicht nur sein Girlfriend ist, sondern ein echter Freund, mit dem man durch dick und dünn gehen kann. An der Seite eines solchen Traumgirls kann Joey auch seine romantische Ader ausleben: »Ich erinnere mich oft an dieses Mädchen, in das ich damals so verliebt war, daß ich es ihr ganz oft gesagt habe. Sie hat nie geantwortet. Dann gab es diesen wundervollen Tag am Strand, an dem ich ihr wieder sagte: ›Ich liebe Dich!‹. Sie blieb dann plötzlich stehen, sah mich mit ihren wunderschönen Augen an und sagte: ›Ich liebe Dich auch!‹. Wow, da bin ich vor lauter Glück fast ausgeflippt, so romantisch war das.«

Seinen ersten Kuß hat Joey mit elf Jahren bekommen, als er mit seinem Bruder einen Freund und dessen Schwester in New York besuchte. Die Kids waren total aufgekratzt und rasten durch die Wohnung. »Plötzlich sperrten sie mich gemeinsam mit Lisa in einen Kleiderschrank und hielten von außen die Tür zu. Wir klopften und riefen, aber sie ließen uns nicht raus. Wir saßen fest in unserem Verließ. Irgendwie habe ich sie dann einfach geküßt, und sie erwiderte diesen Kuß, so daß wir die Schranktür sogar freiwillig wieder zuzogen, als sie uns endlich rauslassen wollten ...« Trotzdem wurde aus Lisa und Joey kein Paar. Erst zwei Jahre später lernte er Jenny kennen: »Es fing langsam an, weil wir zuerst nur gute Freunde waren. Später haben wir uns dann fast jeden Tag gesehen. Wir waren noch nicht alt genug für die Disco oder das Kino. Deshalb mußten wir uns auf der

Straße treffen und sind dann durch die Gegend getigert.« Seine erste große Liebe hieß jedoch nicht Jenny, sondern Danae. Er lernte sie in der neunten Klasse auf der Highschool kennen. Danae war in Liebesdingen viel erfahrener als Joey – sie ging schon in die zwölfte Klasse! »Ich fand es total cool, mit einem älteren Mädchen zusammen zu sein. Was haben mich meine Freunde damals beneidet! Leider zog ihre Familie ein paar Monate später nach Miami. Ich habe sie nie wiedergesehen.«

Joey galt eine Zeitlang bei seinen Kumpels als ganz schlimmer Finger. Er hat zwar nicht jedem Rock hinterhergepfiffen, aber einmal war er sogar mit zwei Girls gleichzeitig zusammen: »Eine hieß Jeanny, die andere Danielle, und beide wußten nichts voneinander. Als Danielle herausfand, daß ich sie betrüge, machte sie gleich Schluß mit mir. Ich ging zu Jeanny, aber sie eröffnete mir, daß sie jetzt mit einem meiner Freunde geht. Tja, das hatte ich nun davon – beide waren weg, und ich war wieder alleine. Das war mir eine echte Lehre!« Doch wie es sich für einen echten italienischstämmigen Lover gehört – wenn Joey sich eines Tages ausgetobt hat, will er auf jeden Fall eine Familie gründen: »Ich liebe Kinder. Natürlich will ich irgendwann einmal eine eigene Familie gründen und viele Kinder haben. Aber das sollte man erst machen, wenn man sich reif genug dazu fühlt.«

## JC: »Ich mag alle Mädchen.«

Blondinen haben bei JC um keinen Deut bessere Chancen als Brünette. Für ihn ist es viel wichtiger, daß ein

Mädchen »immer für mich da ist, mich versteht und mich aufmuntert, wenn ich mal nicht so gut drauf bin. Wie sie aussieht, ist mir eigentlich egal, solange ihr Gesicht etwas ausstrahlt. Eigentlich mag ich alle Mädchen.« Und er mag es gern kuschelig. Für JC kann es manchmal total schön sein, gemeinsam vor dem Kamin auf einem Bärenfell zu liegen und nur zu kuscheln. Ansonsten findet er es romantisch, einem Mädchen Dinge zu schenken, »die zeigen, daß ich mir wirklich Gedanken gemacht habe und etwas gefunden habe, was sie sich sehnlichst wünscht – ohne mir diesen Wunsch vorher verraten zu haben.« Dieses Gespür hatte JC natürlich noch nicht entwickelt, als er im Alter von sechs Jahren auf dem Schulhof seinen ersten Kuß bekam – nach einem kleinen Überfall: »Wir spielten oft auf dem Pausenhof Fußball, und am Rand saßen die Mädchen und kicherten die ganze Zeit. Eines Tages bin ich zu ihnen hingegangen und habe sie gefragt, was los ist. Plötzlich haben sie mich gepackt, und ein Girl hat mich auf den Mund geküßt. Sie hieß Lea und war eine Klassenkameradin von mir. Natürlich waren wir noch viel zu jung, um zugeben zu können, daß es uns beiden gefallen hat. Also sind wir beide weggelaufen und haben dabei ›igitt!‹ geschrien.«

Ernster wurde es für JC erst, als er viele Jahre später auf der Geburtstagsparty eines Freundes sein erstes Girlfriend Francine kennenlernte. Am Anfang schlug der Liebespfeil zwar noch nicht voll ein, aber sie trafen sich immer öfter und verbrachten dann doch viel Zeit zusammen. Eine richtige Beziehung, »so wie ich sie mir vorstelle, war das aber nicht. Es hatte auch recht seltsam angefangen: Ich kannte sie aus der Schule und wollte einfach mal ausprobieren, ob sie sich traut, mich zu küssen. Sie traute sich, und es war echt umwerfend. Danach wollte sie erst einmal nichts mehr von mir wissen. Erst viel später sind wir uns wieder nähergekommen. Ich weiß gar nicht, ob ich jemals in meinem Leben schon so richtig toll verliebt war.« JC siedelte ja mit 13 nach Orlando um, arbeitete dort täglich beim »Mickey Mouse Club« und wechselte oft die Wohnung. »Alle sechs Monate sind wir umgezogen, und durch die viele Arbeit hatte ich nie die Zeit, ein Mädchen richtig kennenzulernen.« JC war für die Zuschauerinnen der TV-Show einer der absoluten Stars und bekam viele Liebesbriefe ins Studio geschickt, aber das waren eher harmlose Schwärmereien und keine ernst gemeinten Liebesschwüre. »Ich habe mich zwar ab und zu mit Girls verabredet, doch so richtig eingeschlagen hat es bei mir noch nicht.« Dabei hat JC einen tollen Trick, mit dem er vermeidet, zu viele Abfuhren zu bekommen: »Ich spreche nur Mädchen an, von denen ich den Eindruck habe, daß ich ihnen gefalle.« Natürlich würde auch er gerne eine Freundin haben, weiß aber nicht, wie er im Moment eine Beziehung aufrechterhalten sollte: »Wir sitzen dauernd im Tourbus oder sind irgendwo auf der Welt unterwegs. Eine Beziehung, so wie ich sie mir vorstelle, besteht ja aus Geben und Nehmen. Aber wie sollte ich einem Mädchen etwas geben können, wenn ich ständig auf Achse bin?« JC freut sich darauf, irgendwann einmal die Zeit zu haben, sich voll und ganz einem Girl hingeben zu können – dann, glaubt er, ist er auch ganz treu: »Ich könnte niemals meine Freundin betrügen. Das wäre keine Liebe für mich. Und die gleiche Einstellung erwarte ich auch von dem Mädchen.«

# RIDDLE

## 20 Gerüchte um 'N SYNC – Lüge oder Wahrheit?

**Stimmt es, daß Justin, Lance, JC, Chris und Joey alle zusammen in einer großen WG wohnen?**

Nicht ganz – JC, Chris und Justin leben zusammen mit Justins Mutter Lynn in einem großen Haus in Orlando mit acht Zimmern. Die Villa ist umgeben von einem riesigen Garten mit Basketballfeld, Terrassen und einem 25 Meter langen Swimmingpool, an dem die Boys bei ihren raren Heimataufenthalten gerne mit ihren Freunden Grillpartys feiern.

**Stimmt es, daß 'N SYNC optisch so zusammengestellt wurden, daß sie auch Homosexuellen gefallen?**

Völliger Quatsch. Es stimmt zwar, daß Take That zunächst in der britischen Schwulenszene Erfolg hatten, aber weder sie noch irgendeine andere Boygroup wurden extra für diese Bevölkerungsgruppe zusammengestellt. Außerdem ist es falsch, daß 'N SYNC angeblich von ihrem Manager »formiert« wurden – vier der fünf Jungs spielten schon vorher zusammen. Das Schwulen-Gerücht ist wahrscheinlich von eifersüchtigen deutschen Jungs in die Welt gesetzt worden, weil sie selbst bei ihren Klassenkameradinnen nicht annähernd so gute Chancen haben wie die Boys von 'N SYNC. Und man kann Justin, Lance, JC, Chris und Joey wirklich nicht vorwerfen, daß sie nun mal verdammt gut aussehen. Wenn zwischendurch auch mal ein männlicher Fan dieser Meinung ist, haben sie nichts dagegen: »Jedem das seine – aber wir stehen nur auf Girls!«

**Ist es richtig, daß keiner von den Boys sich ein Hotelzimmer mit Justin teilen will, weil er so laut schnarcht?**

Wenn 'N SYNC unterwegs sind, teilt sich meistens Chris ein Zimmer mit Joey, Lance und JC teilen sich eins, und Justin pennt im Hotelzimmer seiner Mutter. Justin schnarcht zwar nicht, redet aber oft im Schlaf. Doch auch die anderen Jungs haben ein paar schlechte Angewohnheiten: Chris hängt immer die Zungenspitze aus dem Mundwinkel, wenn er sich konzentriert, JC schmatzt oft beim Essen, und Joey knabbert ab und zu an den Fingernägeln. Die anderen behaupten von ihm, er schnarche nachts – er selbst streitet das vehement ab.

**Joey ist angeblich von der Band als Sprecher ernannt worden. Stimmt das?**

Bei 'N SYNC hat natürlich jeder seine eigene Meinung, aber es ist oft nicht genug Zeit dafür da, daß alle fünf zum

Beispiel gleichzeitig auf die Manager einreden können. Und weil Joey anerkanntermaßen das beste diplomatische Geschick in der Band hat, wird meistens er als Sprachrohr der Boys vorausgeschickt.

**Paßt Justins Mutter wirklich darauf auf, daß die Boys keine Mädchen mit auf ihre Hotelzimmer nehmen?**

Justins Mutter Lynn muß bei ihrem eigenen Sohn nicht aufpassen – schließlich teilt sie sich immer das Hotelzimmer mit ihm! Für die anderen Jungs übernimmt sie zwar keine Erziehungsfunktion, aber deren Eltern sind dennoch froh, daß Lynn (und manchmal auch Diane, die Mutter von Lance) bei den Reisen in aller Welt dabei ist. Ab und zu nutzen auch die Fatones – Joeys Eltern – die Gelegenheit und fahren ein Stück auf der Tournee mit. Lynns ständige Anwesenheit sorgt eher dafür, daß die Jungs nicht so oft Schimpfwörter in den Mund nehmen. Mädchen wird man in den Hotelbetten der Jungs ohnehin nie finden – dafür wären die Boys nach ihren anstrengenden Tagen auch viel zu kaputt!

**Was ist dran an dem Gerücht, daß Chris Kontaktlinsen trägt, weil er zu eitel ist, eine Brille aufzusetzen?**

Nichts, denn Chris hat Augen wie ein Luchs! Daß er manchmal blinzeln muß, liegt daran, daß ihn öfters seine freche Haarsträhne im Auge kitzelt. Außerdem meint er:

»Wir haben zwar alle recht gute Augen, aber wenn einer von uns eine Brille tragen müßte, wäre das doch keine Schande. Er müßte dann bei unseren Shows aber auf jeden Fall Kontaktlinsen tragen – sonst würde ihm beim ersten Flip-Flop schon das Gestell wegfliegen!«

**Steht im Plattenvertrag von 'N SYNC, daß sie weder Alkohol trinken noch rauchen dürfen?**

'N SYNC sind extrem darauf bedacht, ihre gute körperliche Kondition zu behalten. Nicht nur aus diesem Grund rauchen sie nicht und trinken sie niemals Alkohol – es schmeckt ihnen auch nicht.

**Angeblich schmeißen die Boys die Kuscheltiere auf den Müll, die ihnen Fans bei den Konzerten auf die Bühne werfen. Stimmt das?**

So etwas würden 'N SYNC nie tun! Allerdings landen inzwischen pro Konzert mindestens 100 Stofftiere auf der Bühne – wenn sie die alle behalten würden, müßten die Jungs bald eine eigene Lagerhalle dafür mieten. Das eine oder andere ausgefallene oder besonders niedliche Kuscheltier behalten sie, der Rest wird am Morgen nach der Show vom Tourmanager für einen guten Zweck gestiftet, zum Beispiel an örtliche Einrichtungen wie Krankenhäuser, Waisenheime oder Behindertenwerkstätten.

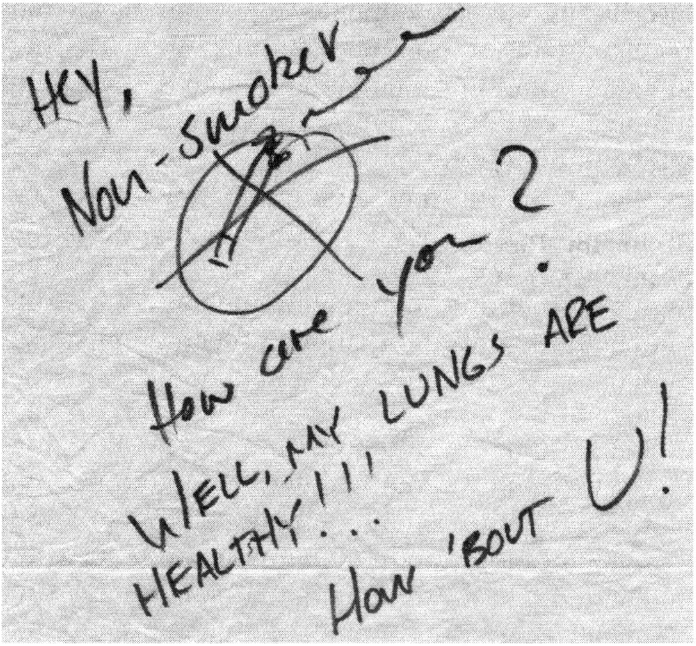


Serviette, von Chris und JC beschrieben. Chris litt sehr unter den vielen Rauchern in Deutschland …

**Ist es richtig, daß viele Mädchen vor der Bühne einen Kollaps nur vortäuschen, damit sie hinter die Bühne kommen können?**

Das ist bei jedem Konzert eine der kniffligsten Fragen für die örtlichen Sanitäter. Selbstverständlich müssen sie jeden Ohnmachtsanfall – ob echt oder nur vorgetäuscht – zunächst sehr ernst nehmen. Deshalb werden umgekippte Mädchen in jedem Fall erst einmal von den Ordnern vor der Bühne über die Absperrung gehoben und in den Erste-Hilfe-Bereich getragen. Dort arbeiten sachkundige Ärzte und Sanitäter, die fast immer sofort erkennen, ob der Kollaps nur vorgetäuscht war. Sollte dies der Fall sein, kennen sie kein Pardon und werfen die Simulanten sofort hinaus. Für die kleinen Laienschauspielerinnen ist das eine doppelte Bestrafung: Erstens dürfen sie nicht – wie die echten Versorgungsfälle – eine halbe Stunde backstage bleiben, und zweitens müssen sie sich bei der Rückkehr in die Halle wieder ganz hinten anstellen.

**Stimmt es, daß die Plattenfirma die Boys dazu verdonnert hat, sich regelmäßig die Brustbehaarung zu entfernen?**

In der Tat haben sich schon viele 'N SYNC-Fans gefragt, wie es kommen kann, daß von fünf Boys im besten Alter kein einziger Haare auf der Brust hat. Sogar Joey Fatone, als Nachkomme italienischer Einwanderer eigentlich ein eher südländischer Typ, hat ganz glatte Haut auf der Brust. Böse Zungen haben deshalb das Gerücht in die Welt gesetzt, 'N SYNC müßten sich täglich den Oberkörper mit Enthaarungscreme einreiben, weil sonst die ganz jungen Mädchen unter ihren Fans vor so viel – behaarter – Männlichkeit Angst bekämen. Das alles ist natürlich Humbug. Chris kann über solche Vorwürfe nur noch lachen: »Wir haben zwar nichts gegen Körperbehaarung, sind andererseits aber heilfroh, nicht wie halbe Affen auszusehen. Und zweitens haben natürlich auch wir Haare am Körper – ich verrate nur nicht, wo ...!«

**Stimmt es, daß die Wohnungen der Boys in Orlando fast täglich von Fans belagert werden?**

Nein, denn 'N SYNC haben in den USA bislang noch keine Platte veröffentlicht. Um so verwunderlicher, daß sie trotzdem mindestens eimal pro Woche von amerikanischen Fans um Autogramme gebeten werden. Ab und zu kommen auch mal Fans bei den Wohnungen und Häusern der Jungs vorbei – aber das sind meistens deutsche Urlauberfamilien, die in Florida Holiday machen.

**Ist es richtig, daß sich Justin heimlich einen BMW gekauft hat?**

Erstens: Wenn Justin gerne BMW fährt, wird er seine Eltern darum bitten, ihm einen zu kaufen. Und zweitens: Justin hätte keinen Grund, das zu verheimlichen. Seine Vorliebe für BMW hat sich in Deutschland entwickelt – er wurde ab und zu in einer Limousine aus Bayern herumgefahren. Seit kurzem hat er einen Führerschein, der leider zunächst nur in Amerika gültig ist. Zum Autokauf meint er: »Natürlich will ich ein eigenes Auto haben. Aber was sollte ich zur Zeit damit – wir sind doch ohnehin fast nie zu Hause.«

**Was ist dran an dem Gerücht, daß der gemeinsame Manager angeblich den Backstreet Boys die besseren Songs als 'N SYNC zuschanzt?**

Völliger Blödsinn. Johnny Wright weiß sehr genau, wie unterschiedlich die beiden Bands sind. Nach wie vor gilt die Devise: Die Bands lassen sich unabhängig voneinander von jedem interessierten Produzenten je vier Songs vorschlagen, aus denen die Boys gemeinsam mit ihrem Manager dann die jeweils am besten für die Band geeigneten Stücke aussuchen.

**Stimmt es, daß Lance keine dicken Mädchen mit Pickeln mag?**

Das einzige, was an diesem Gerücht stimmt: Lance legt bei Mädchen großen Wert darauf, daß sie ein bißchen auf ihr Äußeres achten und sich nicht gehen lassen. Er mag keine ungepflegten Mädchen, ansonsten ist ihm das Äußere egal: »Viel wichtiger ist doch, daß sie einen guten Charakter hat!«

**Sind die Homestorys in der *BRAVO* über 'N SYNC echt, oder leben die Boys in Wahrheit ganz anders?**

Die Jungs leben tatsächlich so, wie es in den Homestorys gezeigt wird. Alex Gernandt, *BRAVO*-Redakteur, ist immer auf der Hut, bei Homestorys nicht reingelegt zu werden: »Das haben schon viele Stars versucht, die vielleicht nicht so eine tolle Wohnung daheim haben. Wir wurden auch schon mal bei Freunden der Künstler in einer anderen Wohnung empfangen. Aber da reicht ein Blick aufs Klingelschild – und schon packen wir wieder ein und gehen.«

**Stimmt es, daß JC Schweißfüße hat?**

Ein böses Gerücht, das von einem ehemaligen Tourcrew-Mitglied von DJ Bobo, mit dem 'N SYNC im letzten Herbst auf Tour waren, in die Welt gesetzt wurde. In der Tat hatte JC damals mit einem bestimmten Paar Basketballschuhe Probleme: Die Latschen enthielten ein in Deutschland verbotenes Lösungsmittel im Kleber, das bei Hitze Dämpfe freisetzt, die wie ungewaschene Füße riechen. Selbstverständlich sind alle 'N SYNC-Jungs sehr reinlich, und JC hat schon wenige Tage, nachdem er sich die Treter besorgt hatte, das Paar weggeworfen und sich neue gekauft.

**Mußte Chris wegen 'N SYNC wirklich mit dem Inline-Skaten aufhören?**

Es stimmt, daß den Jungs aus versicherungsrechtlichen Gründen nahegelegt wurde, auf allzu verletzungsgefährdende Sportarten besser zu verzichten. Doch vor allem Chris ist ein erfahrener Blader, der nie ein unnötiges Risiko eingehen würde. Auf Tour hat er auch mindestens ein Paar Inliner in seinem Reisegepäck.

**Stimmt es, daß Justin im August am Daumen operiert wurde?**

Nein, der Bruch am Daumen verheilte trotz der Tour-Strapazen auch ohne eine Operation. Justin mußte dennoch unters Messer: Wegen einer chronischen Entzündung wurden die Mandeln rausgenommen. Das ist nicht ganz ungefährlich, weil sich nach so einem Eingriff auch Knötchen auf den Stimmbändern bilden können. Deshalb hatte der arme Justin drei Wochen striktes Sing- und Sprechverbot von seinem Arzt verordnet bekommen.

**Es wurde erzählt, daß 'N SYNC keine Hunde mögen – dabei geben sie sich doch immer so tierlieb!**

Ein hundsgemeines Gerücht, das von einem Hotelboy aus Norddeutschland stammt. Er hatte zwei 'N SYNC-Fans, die ihren Golden Retriever dabei hatten, am Hoteleingang mit der Begründung, die Band wünsche keine Hunde in ihrer Umgebung, abgewimmelt. In Wahrheit lieben die 'N SYNCs Tiere über alles, Hunde führen sogar die interne Beliebtheitsliste der Boys an. Doch einige der Jungs stehen auch auf ausgefallenere Tierarten: JC zum Beispiel mag Papageien, Lance Frettchen, Chris Steinböcke, Joey Affen und Justin liebt Panther.

**Ist es wahr, daß sich JC und Diana, das Model bei der *PopRocky* Foto-Love-Story, in Wirklichkeit nähergekommen sind, als die Fotos das zeigen?**

Justin, Lance, JC, Chris und Joey wissen sehr gut zwischen beruflichen und privaten Treffs zu unterscheiden. Weder bei dieser noch bei irgendeiner anderen Fotosession ging der Kontakt der Boys zu den beteiligten Models, Fotografinnen oder Visagistinnen über eine hochprofessionelle Zusammenarbeit hinaus.

# YOU GOT IT

## Wie ein Vater für die Boys:
## 'N SYNC-Manager Johnny Wright

»Das ist der wichtigste Knopf an diesem Spielzeug«, grinst Johnny, drückt mit einer energischen Handbewegung auf den »Aus«-Schalter seines Handys und steckt es wieder in die Hosentasche seines knallroten Jogginganzuges. Vielleicht ist es genau das, was ihn zu einem der erfolgreichsten Manager des Musikgeschäftes gemacht hat – seine Fähigkeit, sich im richtigen Moment von allen Ablenkungen abzuschotten und auf das Wesentliche zu konzentrieren. Und das Wesentliche ist für ihn im Moment das Gespräch darüber, wie er es geschafft hat, nach den von ihm betreuten Backstreet Boys nun schon wieder fünf supertalentierte Jungs aus Florida zu Weltstars gemacht zu haben.

Eben diese Jungs geben gerade ihr Bestes, um Johnny abzulenken. Wir sitzen auf der hintersten Bank im 'N SYNC-Tourbus, weiter vorne spielen die Boys lautstark ihre Version von »Reise nach Jerusalem«: Justin, Lance, JC, Chris und Joey werfen Überraschungseier im Kreis herum. Joey war der erste in der Band, der vor ein paar Wochen die spielzeuggefüllten Schokoeier im Naschregal einer Tankstelle entdeckt hatte: »Sonst kommen immer die Amerikaner oder Japaner auf solche super Ideen. Wahnsinn, daß es diese Dinger nur in Deutschland gibt. Die wären bei uns in Amerika bestimmt der absolute Renner.« Die fünf Jungs sitzen sich gegenüber, singen »I Want You Back«, und jeder wirft seinem Nebenmann ein Überraschungsei zu. Vier Eier machen die Runde. Am Ende des Refrains – beim Wort »Back« – brechen sie abrupt mit dem Gesang ab. Wer in diesem Moment kein Ei in der Hand hält, scheidet aus, und es wird zu viert mit drei Eiern weitergespielt. Der Sieger bekommt alle vier Eier als Preis.

Der Trubel auf den vorderen Bänken scheint wirkungslos an Johnnys Konzentration abzuprallen. Eine Million Dollar hat er gemeinsam mit seinem Partner Lou Pearlman in die Aufbauarbeit von 'N SYNC gesteckt, die Jungs von den weltbesten Choreographen, Gesanglehrern und Produzenten ausbilden lassen, ihnen bei allen Reisen gute Hotels und bequeme Tourbusse reserviert. Und trotz des hohen Risikos, des ausgelassenen Treibens weiter vorne im Bus und der forschen Frage, wie viele Platten 'N SYNC denn verkaufen müssen, damit sich die Investitionen lohnen, bleibt Johnny völlig gelassen: »Das ist nicht wichtig. Ich habe keine Lust, dauernd mit einem Taschenrechner in der Ecke zu sitzen, um ja nicht den Break-Even-Punkt (Gewinnschwelle) zu verpassen. Außerdem haben wir viel größere Ziele, als nur auf die Schnelle ein paar Dollars zu verdienen. Unsere Firma soll die Neunziger-Jahre-Version von Motown werden – ein Hort für junge Talente.«

»Motown Records«, Johnnys Vorbild, war die Plattenfirma, die fast alle Soul-Sänger der Fünfziger und Sechziger Jahre zu Weltstars gemacht hat. Das Erfolgsrezept hat sich Wright von eben dieser legendären Firma abgeschaut: »Wir arbeiten ausschließlich mit Künstlern, von deren Talent wir hundertprozentig überzeugt sind. So ein Talent muß noch nicht voll entwickelt sein. Als wir auf die Jungs von 'N SYNC gestoßen sind, waren sie natürlich noch längst nicht fertig mit ihrer Entwicklung. Aber sie hatten unglaubliche Talente, konnten singen und tanzen. Das ist wie in der Edelsteinbranche: Du kannst nicht ein Stück Glas zu einem Brillanten schleifen. Wenn du nicht einen echten Rohdiamanten findest, wirst du auch nie ein erlesenes Schmuckstück daraus machen können. Als ich die Jungs kennenlernte, waren sie sogar schon viel weiter, hatten zum Teil jahrelange Erfahrung in der Entertainment-Branche. Es ist nicht unser Job, Talente zu erfinden. Unsere Aufgabe ist es, Talente zu entdecken, sie zu kultivieren und sie auf ihrem Weg zu begleiten. Wir haben keine Lust auf diese typisch britischen Studioprojekte: Ein Produzent sitzt mit einem fertigen Track in seinem Studio und braucht jetzt noch auf die Schnelle ein Gesicht, um diesen Song vermarkten zu können.«

Johnny ist Realist, er würde nie mit einer untalentierten Retortenband zusammenarbeiten. Gerade in Amerika wird Ehrlichkeit und Aufrichtigkeit viel größer geschrieben als etwa in England. Als vor ein paar Jahren zum Beispiel die beiden Rasta-Jungs von Milli Vanilli ihre »Grammys« zurückgeben mußten, nachdem herausgekommen war, daß sie auf ihren Platten keinen Ton selbst gesungen haben, war das ein Skandal für die gesamte Musikbranche. Und ein heilsamer Schock. Nicht nur für die Fans – auch viele Produzenten und Manager merkten, daß man auf einer Lüge keine dauerhafte Karriere aufbauen kann. Johnny selbst hatte seine ersten Erfahrungen im Popgeschäft als Radio-DJ bei einem Sender in Boston gemacht und leitete anschließend mehrere Jahre gemeinsam mit Dick Scott das Tourmanagement jener Band, die als erste echte Boygroup in die Musikgeschichte einging – New Kids On The Block.

Als er sich nach der Auflösung der New Kids dann eine Zeitlang um die Geschäfte von SNAP in Amerika kümmerte, spürte er bald, daß es auch Weltkarrieren geben kann, deren Ursprung nicht in den USA liegt: »Die Arbeit mit SNAP hat mir gezeigt, wie wichtig der deutsche Markt ist. Mit den Backstreet Boys haben wir anfangs große Probleme gehabt, einen Plattenvertrag in den USA für sie zu bekommen. Also haben wir in Übersee begonnen – und das hat sich voll bezahlt gemacht.« Mit »Übersee« meint er vor allem: Deutschland. Und er wußte, daß man den wachsamen deutschen Fans ohnehin keinen gequirlten Musik-Quark als »das nächste große Ding nach Take That« verkaufen konnte. Deshalb suchte er von Anfang an nach echten Talenten, nach jungen Künstlern, die nicht erst mit Hilfe von Computern, Visagisten oder Vermarktungstricks zu Popstars aufgebaut werden müssen. An 'N SYNC hatte er sofort einen Narren gefressen, weil die Jungs nicht nur sehr gut tanzen konnten, sondern – ähnlich wie zwei Jahre zuvor die Backstreet Boys – auch in der Lage waren, sich überall einfach hinzustel-

JC mit Überraschungsei-Figur, die es in den USA nicht gibt; © PvS Medienservice

len und die Songs mit ihren wunderschönen Stimmen auch ohne Instrumentenbegleitung zu singen: »Als wir 'N SYNC nach Deutschland brachten, hätten wir die Jungs auch zum Vollplayback auf den Bühnen tanzen lassen können. Aber wir wollten mehr. Wir wollten von Anfang an zeigen, daß sie verdammt gut singen können. Diese Glaubwürdigkeit hilft uns natürlich jetzt dabei, die Band überall auf der Welt groß zu machen.«

»Wir können jetzt zum Beisp ...« – Johnny bricht den Satz ab, um mit der zielsicheren Gewandtheit eines langjährig geübten Baseballspielers das Überraschungsei aufzufangen, das mit einer unglaublichen Geschwindigkeit auf ihn zugeflogen kommt. JC wollte nur mal eben die Reaktionsfähigkeit seines Managers testen und hatte das Schoko-Ei mit einem gekonnten Baseballwurf quer durch den ganzen Bus geschleudert. Johnnys Naschlaune hält sich in Grenzen. Kurzerhand knallt er die Süßigkeit auf das kleine Klapptischchen neben sich. Das Ei bleibt kerzengerade stehen. Er blickt JC prüfend in die Augen und fragt ihn: »Wer hat das gemacht?« JC wie aus der Pistole geschossen: »Na klar, Kolumbus, bevor er Amerika entdeckt hat!« Johnny nickt zufrieden, schließlich hat er selbst ein paar Jahre studiert und weiß, wie wichtig bei allem Entertainment-Talent auch eine gute Allgemeinbildung ist. Doch als JC sich ein weiteres Ei greift und erneut zum Wurf ansetzt, schießt ein väterlich-strenger Blick aus Johnnys Augen. JC grinst verlegen, dreht sich im Wurf elegant zur Seite und zielt vorsichtshalber lieber auf Justin.

»Manchmal muß ich den Bad Guy spielen«, erklärt Johnny seine kurze, aber wirkungsvolle Erziehungsmaßnahme. Er ist tatsächlich oft wie ein Vater für seine Jungs. Sie können mit allen Problemen zu ihm kommen, und er hat auch immer ein offenes Ohr für alle Ideen – seien sie auch noch so abgedreht. Wie viele von diesen Ideen dann aber tatsächlich umgesetzt werden, entscheidet noch immer Johnny allein. Immerhin ist er der Mann mit der langjährigen Erfahrung, er ist der Kapitän auf dem 'N SYNC-Schiff, er trägt die Verantwortung dafür, die Talente der Jungs in die richtigen Bahnen zu lenken. Und manchmal heißt das: »Ich höre mir alles an, was die Jungs sagen und wollen. Ab und zu weiß ich einfach aus meiner Erfahrung besser als sie, ob eine Idee gut oder schlecht ist. Da muß ich dann auch mal ein Machtwort sprechen. Aber wenn sich im nachhinein herausstellt, daß ich recht hatte, wird es für mich beim nächsten Mal schon viel leichter. Außerdem sind das alles extrem kluge und aufmerksame Jungs – sie lernen verdammt schnell, worauf es wirklich ankommt.«

Vorne im Bus ist es deutlich ruhiger geworden. Immerhin geht es auf ein Uhr morgens zu, die Boys haben einen anstrengenden Tag hinter sich, viele Interviews gegeben, und freuen sich nun vor allem auf ein weiches Kopfkissen. Johnny, ebenfalls seit gut 15 Stunden auf den Beinen, ist der Streß nicht anzumerken. Er ist immer hundertprozentig bei der Sache, man merkt, wie sehr ihm sein Job Spaß macht. Ihm geht es vor allem darum, Entscheidungen im Sinne der Jungs zu fällen – auch wenn die Jungs im Moment noch nicht immer die Bedeutung seiner Worte verstehen können: Einige von ihnen sind zum Beispiel gerade dabei, richtig ernsthaft ein Instrument zu erlernen. Wenn sie aber nächste Woche mit der Idee ankämen, schon bei der nächsten Tournee selber auf der Bühne Gitarre, Keyboard und Schlagzeug zu spielen, »würde ich ihnen zumindest zur Zeit noch davon abraten. Dafür sind sie an den Instrumenten noch nicht weit genug. Instrumente sind auch nicht mehr so wichtig wie früher. Wenn ich heute eine Band wie Earth, Wind & Fire finden wollte, hätte ich große Probleme. Es gibt kaum mehr talentierte Musiker, weil es inzwischen fast reicht, einen Drumcomputer und einen Synthesizer spielen zu können. Heutzutage mußt du ein guter Entertainer sein, mußt singen und tanzen können. Die Zeiten, in denen es ausreichte, ein guter Musiker zu sein, sind längst vorbei.« Dennoch wacht Johnny mit Argusaugen über seine Jungs, denn er weiß, wie vielfältig ihre Talente sind. Für ihn ist es selbstverständlich, »jeden Ansatz, eine andere Facette ihres Talentes hervorzukehren, voll zu unterstützen. Eines Tages werden sie vielleicht sogar ihre Platten selbst produzieren.«

Doch alles braucht seine Zeit. Auch das größte Talent muß in Ruhe reifen, um wirklich Weltspitze werden zu können. Das ist auch der Grund, warum sich auf dem ersten Album nur ein einziger Song findet, den die Band selbst geschrieben hat – »Giddy Up«. Johnny weiß natürlich, daß Justin, Lance, JC, Chris und Joey miteinander inzwischen eine Reihe sehr guter Stücke komponiert haben. Er ist zuversichtlich, daß auf dem zweiten Album von 'N SYNC, das Ende 1997 oder Anfang 1998 erscheinen soll, viel mehr Eigenkompositionen zu hören sein werden. Denn mit den eigenen Songs ist es wie mit den Instrumenten: Man braucht erst die nötige Erfahrung, bis man mit den ganz Großen des Faches mithalten kann. Wenn JC zum Beispiel mit einem Song ankäme, der besser ist als ein anderer aus dem bisherigen Programm – er käme sicher sofort auf die nächste Platte. »Aber manchmal kommen sie mit einem neuen Song an, der einfach noch nicht weit genug ausgegoren ist. Warum sollten wir das aufnehmen und dafür teure Studiozeit verschwenden? Besser ist es, die Jungs arbeiten an ihrem Songmaterial weiter und bauen – wie wir es auf der Tour ja gemacht haben – zunächst einmal das eine oder andere eigene Stück in ihr Liveprogramm ein.«

Genau das ist – neben seiner konzentrierten Ruhe und

Aufmerksamkeit – das zweite Erfolgsgeheimnis: »Man muß immer ehrlich zu sich und den anderen sein«, sagt Johnny und zupft nachdenklich an seiner Baseballkapppe. Und dazu gehören für ihn drei eiserne Regeln, an die er sich immer hält: »Erstens: Sage der Gruppe immer, wie die Lage ist. Auch wenn gerade das Dach einstürzt – sage es der Band. Nur so kann man die Probleme lösen, anstatt sie immer weiter aufzustauen. Zweitens: Zu bestimmten Zeiten braucht jede Gruppe eine starke Hand, die sie führt. Es gibt immer Phasen, in denen sie dir erzählen wollen, was du zu tun hast. Da mußt du gut zuhören, darfst jedoch nicht blind nachgeben. Wichtig ist, daß der richtige Prozentsatz der Gruppenmeinung in deine Entscheidungen mit einfließt. Drittens: Glaube immer an dich und an dein Ding. Lasse dir von niemandem, vor allem nicht von der Plattenindustrie, in deine Pläne reinreden. Wenn wir zum Beispiel auf die Skeptiker in Deutschland gehört hätten, die meinten, das Land brauche nicht noch eine weitere Boygroup, dann hätten wir gleich unseren Kram zusammenpacken und nach Amerika zurückfliegen können.«

Was für ein Glück, daß Johnny diesem Grundsatz auch bei 'N SYNC treu geblieben ist – sonst hätten weder Justin, Lance, JC, Chris und Joey noch die deutschen Fans Megahits wie »I Want You Back«, »Tearin' Up My Heart« oder »Here We Go« erleben dürfen. Und es würden auch keine Horden begeisterter Fans bis in die frühen Morgenstunden vor den Hoteleingängen auf ihre Stars warten. Es ist halb zwei geworden, der Bus biegt in die Auffahrt des Hotels ein – und tatsächlich warten wie so oft wieder einige Dutzend Girls darauf, 'N SYNC aus nächster Nähe erleben zu können. Den Jungs fallen vor Müdigkeit zwar schon fast die Augen zu, dennoch nehmen sie sich 20 Minuten Zeit für ihre Fans, geben Autogramme und lassen sich fotografieren. »Was ich so toll an den Kids hier finde«, sagt Johnny später an der Hotelbar, »ist ihre Aufgeschlossenheit. Fans in Deutschland, Österreich und der Schweiz ist es egal, wo eine Band herkommt. Sie haben keine Vorurteile gegen Gruppen, die aus England oder gar Australien kommen. Als Ausländer hast du es in Amerika zum Beispiel viel schwerer.«

Justin, Lance, JC, Chris und Joey haben längst die Zähne geputzt und sich in ihre weichen Kissen gekuschelt, doch Johnny, das Energiebündel, ist noch nicht müde. Sein jungenhaftes Gesicht wird fast spitzbübisch: »Vorhin hab ich da draußen vor dem Hotel ein Mädchen gesehen, das letztes Jahr eine Woche lang den Backstreet Boys hinterherfuhr. Jetzt steht sie zusätzlich auch auf 'N SYNC. Das ist einer der großen Unterschiede zwischen Deutschland und Amerika. In den USA mußt du dich entscheiden, für wen du bist. In Europa sind die Menschen viel offener – hier dürfen Fans auch auf mehrere Bands aus der gleichen Musikrichtung stehen. Johnny erinnert sich, auf einer gemeinsamen Tour von Backstreet Boys und Caught In The Act mal ein junges Mädchen gesehen zu haben, das zuerst ein Schild mit der Aufschrift »Backstreet Boys – I Love You« hochhielt. »Anschließend drehte sie das Schild um, und es war ›Caught In The Act – I Love You‹ zu lesen. Das ist die Sorte Fans, die ich mag.«

Und genau deshalb mag es Johnny auch nicht so gerne, wenn immer wieder über eine angebliche Rivalität oder sogar Feindschaft zwischen den Backstreet Boys und 'N SYNC gesprochen wird. Gute Freunde in dem Sinn, daß sie jeden Tag miteinander rumhängen, sind die beiden Bands natürlich nicht – dafür sind sie ja auch viel zu selten zum gleichen Zeitpunkt daheim in Orlando. Die Gruppen sind so viel unterwegs auf der Welt, daß Johnny, der ja beide managt, schon große Probleme hat, sie wenigstens für einen gemeinsamen Auftritt wie zum Beispiel bei dem »Hand In Hand For Children«-Festival in Oberhausen am selben Tag an einen Ort zu bringen. Ansonsten weiß er natürlich, wie sehr sich die Boys beider Bands gegenseitig achten und schätzen: »Diese angebliche Rivalität wird doch nur von den Medien konstruiert. Das ist wie beim Fußball: Wenn München gegen Frankfurt spielt, findet auf dem Fußballplatz natürlich ein Kampf statt. Aber nach dem Spiel gehen sie alle gemeinsam in ihre Lieblingskneipe und feiern.«

Johnny findet es außerdem sehr ungerecht, daß die beiden Bands immer wieder in einen Topf geworfen werden. Für ihn machen die Backstreet Boys und 'N SYNC ganz verschiedene Sachen: »Die Backstreet Boys sind Rhythm & Blues-Pop-Sänger, 'N SYNC sind eher Rhythm & Blues-Balladen-Sänger mit einem soulig-jazzigen Einschlag.« Ein Unterschied, den man in Europa noch nicht so gut versteht wie zum Beispiel in Amerika, dem Ursprungsland von Rhythm & Blues. Hierzulande, glaubt Johnny, muß man in dieser Sache noch viel Aufklärungsarbeit leisten: »In Europa wird alles, was 18 Jahre alt ist und in einer Band spielt, in die Boygroup-Schublade geworfen. Boys II Men zum Beispiel gelten hier als Boygroup, in Amerika dagegen als Rhythm & Blues-Nachwuchskünstler.«

Und genau unter diesem Etikett will er 'N SYNC auch irgendwann einmal in Amerika groß machen. Noch ist in den USA ja keine einzige Platte von 'N SYNC veröffentlicht. Aber Johnny freut sich schon auf den Tag, an dem zum Beispiel der Fernsehsender MTV »den Amerikanern die Bilder von 10.000 ausflippenden Mädchen in Europa zeigen wird. Dann werden die amerikanischen Mädchen sich fragen: ›Wow – wann dürfen wir das auch haben?‹« Eine Frage, die Johnny, der sich jetzt dann doch sehr nach dem wohlverdienten Schlaf sehnt, im Moment ebensowenig beantworten kann wie die Frage, in welche musikalische Richtung sich 'N SYNC generell weiterentwickeln wird. Nachdenklich lehnt er sich an die Fahrstuhltür, holt zum ersten Mal seit Stunden sein Handy wieder aus der Hosentasche und wundert sich, daß mittlerweile die Mailbox mit unzähligen Anrufen vollgesprochen ist. Natürlich weiß er, daß bei ihm zu Hause in Florida erst später Nachmittag ist. Telefonieren will er heute aber nicht mehr, er freut sich auf sein Hotelbett. Zum Abschied gesteht er noch: »Ich habe keinen Masterplan dafür, wie es mit 'N SYNC weitergehen wird. Das wäre auch nicht gut, denn sie sollen sich frei entwickeln können. Mein Job wird es sein, den Jungs dabei zu helfen, ihre Ideen zu verwirklichen – ganz egal, was sie mir vorschlagen werden. Gute Nacht!«

# ’N SYNC – DAS ALBUM

**Tearin’ Up My Heart**

Eingefleischte Fans werden die zweite Single am Anfang des Albums schon bei den ersten Beats der Bassdrum erkennen, obwohl »Tearin’ Up My Heart« für den Longplayer ein völlig neues Intro bekommen hat. Ein Intro, das bereits bei der großen ’N SYNC-Tournee im Frühjahr 1997 live zu hören war. Ein wuchtiger Schlagzeug-Beat macht schon in den ersten Takten des Albums klar, worum es bei ’N SYNC geht – um ungebändigte Tanzlaune und Spaß pur. Geschickt mischt Denniz Pop, von dem noch dazu die grandiose erste Single »I Want You Back« stammt und der auch »Tearin’ Up My Heart« gemeinsam mit seinem Partner Max Martin hundertprozentig auf die Stimmen von Justin, Lance, JC, Chris und Joey maßschneiderte, die Baßlinie in die packenden Drum-Loops – spätestens jetzt ist der Song für jeden zu erkennen. Anders als die Single-Version setzt nun aber nicht der Refrain ein, sondern JC beginnt damit, im ersten Vers über den Schmerz zu singen, den Liebe manchmal verursachen kann: Egal, ob die Angebetete neben dir sitzt, oder ob sie Tausende von Meilen entfernt ist – es schmerzt »with or without you«. ’N SYNC bewiesen auch bei diesem Song ihr unglaubliches Gesangtalent. Sie flogen nach Stockholm, sangen sich in Denniz Pops Studio kurz warm – und schon am Abend waren alle Vocals im Kasten.

**You Got It**

Der zweite große Auftritt von JC: Produzent und Vocal-Coach Veit Renn baut auf einer Rhythmusfigur, die nahtlos zu dem Groove von »Tearin' Up My Heart« paßt, eine fetzige Dance-Nummer auf, zu der JC zeigen darf, was er stimmlich drauf hat. Der Song handelt davon, wie fern alle Probleme und Sorgen des Alltags plötzlich erscheinen können, wenn man endlich das Girl seiner Träume gefunden hat. »You Got It« ist auch der erste Vorgeschmack auf die 'N SYNC-Künste des perfekten, fünfstimmigen Gesangs. In den Versen geben Justin, Lance, JC, Chris und Joey wie einen Staffel-Stab die jeweils zweite Hauptstimme fließend aneinander weiter. Anders als in den Denniz Pop-Produktionen ist hier die lange Zeit zu spüren, die Veit Renn mit den Jungs als Vocal Coach gearbeitet hat – statt im Zwischenteil eine Keyboard-Melodie einzusetzen, läßt Veit die Jungs lieber kurz zeigen, wie perfekt sie auch mehrstimmig singen können.

**Sailing**

Die erste Coverversion auf dem Album ist die 'N SYNC-typische Bearbeitung des Welthits von Christopher Cross. Joey brauchte einige Zeit, um sich für diese Idee zu erwärmen: »Uns wurden einige Cover-Songs von unseren Produzenten vorgeschlagen. Als Veit Renn mit der

Idee ankam, ›Sailing‹ von Christopher Cross zu covern, war ich zunächst wenig begeistert, weil ich mir nicht vorstellen konnte, wie wir das zu fünft singen sollen. Aber dann ging es uns so wie auch bei unserer Version des Boston-Songs ›More Than A Feeling‹: Je länger wir daran arbeiteten, um so besser gefielen uns die Stücke. Inzwischen ist ›Sailing‹ sogar einer unserer Lieblingssongs geworden.« Im Text des schmusigen Liedes geht es darum, daß man ab und zu auch mal seine Seele baumeln lassen muß – wie ein Segel im lauen Wind bei einem Törn über das blaue Meer. Veit Renn gibt hier den Jungs erstmals einen ganzen Song lang grünes Licht, ihren mehrstimmigen Chorgesang zu den perlenden Keyboard-Sounds und den glasklaren Gitarren-Samples erstrahlen zu lassen. »Sailing« entstand zusammen mit »You Got It« und »For The Girl Who Has Everything« Anfang April 1997 im House Of Hits Studio in Orlando. Doch an nette Abende mit Freunden war trotzdem nicht zu denken: »Wir sangen jeden Tag im Studio«, erinnert sich Joey, »und waren abends so ausgepowert, daß wir nur noch ein bißchen Computergames spielen konnten, um dann todmüde ins Bett zu fallen.«

**Crazy For You**

Nach dem verträumten »Sailing« wollten die Boys nicht gleich wieder den dicken Dance-Dampfhammer herausholen. Deshalb ziehen sie mit »Crazy For You« die Geschwindigkeit noch nicht voll hoch, sondern lassen die Fans noch ein wenig bei diesem swingenden Midtempo-Popsong schwelgen. Christian Hamm produzierte diese

Nummer in Parc-Studios (Orlando) nach bester Denniz Pop-Art: Eingängige Melodien schweben über einem treibenden Baß, der sofort den Taktfuß mitwippen läßt. Justin, Lance, JC, Chris und Joey singen in »Crazy For You« über die Gefühle, kurz nachdem man sich unsterblich verliebt hat: Man sitzt zu Hause, starrt das Telefon an und wartet auf ein Zeichen, ein kleines Lächeln, einen versteckten Seitenblick. Alles würden sie dafür geben, mit ihrem Traumgirl endlich zusammen sein zu können, denn sie sind »verrückt nach dir«.

**Riddle**

Ein echter Reißer auf den Konzerten von 'N SYNC: Die harte Tanznummer bietet Justin, Lance, JC, Chris und Joey eine prima Gelegenheit, zu zeigen, was sie sonst noch drauf haben. Veit Renn komponierte und produzierte einen ultraharten Euro-Dance-Hauer, bei dem 'N SYNC beweisen, daß Techno-Beats nicht automatisch nur in dumpfen, unmelodiösen Stampf-Orgien enden müssen. Für Justin, der sich manchmal fragt, ob er die Mädchen jemals wird verstehen können, ist der Text wie maßgeschneidert: »Was ist das Rätsel«, wundert er sich im Refrain, »um sie verstehen zu können – es ist unmöglich zu knacken«. Auch bei dieser Nummer zeigt sich, daß es 'N SYNC nicht geschadet hat, mit vielen verschiedenen Produzenten zu arbeiten. Lance kennt das Geheimnis: »'N SYNC werden immer wie 'N SYNC klingen. Egal, wer mit uns arbeitet – unsere Stimmen halten alles zusammen.«

**For The Girl Who Has Everything**

Ein Meer von Tränen strömte aus den Augen der Fans, als JC bei den 'N SYNC-Tourneen die ersten Zeilen dieses Liebesliedes sang. Ganz klar, daß nach den drei Uptempo-Krachern »I Want You Back«, »Tearin' Up My Heart« und »Here We Go« ein echter Schmusesong als vierte Single hermußte. Es war höchste Zeit, zu zeigen, daß 'N SYNC auch im Fach der tief-gefühlvollen Balladen wahre Meister sind. Zumal ihnen Veit Renn, der bei diesem Stück auch die akustische Sologitarre selbst spielt, genügend Platz dafür läßt, ihrer Vorliebe für klassische Soul-Balladen aus den Fünfziger Jahren zu frönen. Natürlich geht es auch in dem Text über das wichtigste aller Themen, allerdings mit einem nachdenklichen Unterton: Ein wunderschönes Mädchen fährt in einem tollen Auto spazieren, trägt die teuersten Kleider und ist trotzdem nicht glücklich. Denn auch das »Girl, das alles hat«, weiß, daß sie sich die schönste Sache im Leben niemals wird kaufen können – die Liebe. Doch 'N SYNC wissen, wie dem Girl geholfen werden kann: »In meinen Händen ist dein Herz sicher aufgehoben.«

**I Need Love**

Nach »Riddle« die zweite sehr »europäisch« klingende Nummer auf dem Album. Gary Carolla produzierte diese Stimmungskanone in den Parc-Studios im Januar 1997. Schon die Beatles brachten mit »All You Need Is Love« auf den Punkt, was auch 'N SYNC im Text lapidar, aber undiskutierbar feststellen: »Ich brauche Liebe, wir alle brauchen Liebe.« Während der Aufnahmen brauchten die Boys vor allem eine Riesen-Kondition: »Wir sangen vormittags im Studio und waren dann immer den restlichen Tag sechs bis acht Stunden im Proberaum, um die Choreographie für das Video einzuüben.« Einen Tag nachdem »I Need Love« im Kasten war, rückte schon das Filmteam an, um das »Tearin' Up My Heart«-Video abzudrehen.

**Giddy Up**

Auf diesen Song sind Justin, Lance, JC, Chris und Joey ganz besonders stolz, denn es ist die einzige Nummer auf dem Album, die sie vollständig selbst komponiert haben. JC, der musikalische Kopf von 'N SYNC, ist über diese Tatsache nicht traurig: »Wir mußten neidlos anerkennen daß wir noch nicht so gute Songs auf dem Kasten hatten wie die, die andere für uns geschrieben hatten. Aber ich sehe, welche Fortschritte wir beim Songwriting in den letzten Monaten gemacht haben.« Veit Renn spielt auch hier wieder die Gitarren selbst und hat den Boys in den Parc-Studios beim Arrangieren des Songs unter die Arme gegriffen. »Giddy Up« ist mit Abstand die Nummer auf dem Album, die den meisten Funk hat – 'N SYNC verbeugen sich damit vor ihren großen Soul- und Funk-Vorbildern wie Brian McKnight und Sly & The Family Stone. Der Text handelt davon, daß man sich in Beziehungen besser immer offen die Wahrheit sagt. 'N SYNC empfehlen dem Girl, endlich die blöden Lügen sein zu lassen: »Giddy Up« heißt soviel wie: »Baby, komm runter von deinem Trip!«

Das Cover des aktuellen Albums; © M. Teichmann/BMG Ariola

**Here We Go**

Platz da, jetzt kommt 'N SYNC! Diese klare Message des Songs verstanden alle Fans und schoben auch die dritte Single der Band ganz hoch in die Charts. Vom 4. bis 6. November 1996 produzierte der Fun Factory-Star Toni Cottura diesen Uptempo-Fetzer in seinem Hamburger Booya-Studio. Cottura, durch seine Arbeit mit den Backstreet Boys, Scatman John, Nana und vielen anderen Weltstars längst Hitparaden-verwöhnt, schwärmt noch heute von der Arbeit mit den Jungs: »Einen Tag vorher bekamen sie erst das Demo und konnten trotzdem alles sofort perfekt einsingen.« JC legte zwar beim Abmischen des Songs ohne ein Mikrofon vor dem Mund noch einen astreinen Freestyle-Rap auf den Instrumenten-Zwischenteil hin, merkte dann aber selbst: »Das hätte wohl die Nummer gesprengt. Mal sehen, ob wir auf dem nächsten Album nicht einen Rap unterbringen können.«

**Best Of My Life**

Toni Cottura und 'N SYNC zeigen hier, daß sie auch eine wunderschöne, klassische Ballade miteinander erarbeiten können. Für Lance war die Arbeit mit Toni ein Kinderspiel: »Es war völlig locker, mit ihm zu arbeiten. Wir hatten zwischendrin sogar Zeit, mit ihm Basketball und Computergames zu spielen.« Der Schmusesong »Best Of My Life« war lange Favorit für die vierte Single, mußte aber in letzter Minute »For The Girl Who Has Everything« Platz machen. Vielleicht auch deshalb, weil es in dem Song um die traurigste Seite der Liebe geht: »Girl, wo ist die Liebe geblieben, die uns beide verband?« Justin, Lance, JC, Chris und Joey wissen sehr genau, wovon sie da singen – jeder von ihnen ist schon einmal von einem Girlfriend verlassen worden. Diesen Schmerz, die Trauer und die Hoffnung, daß das Mädchen vielleicht doch wieder zurück zu ihnen kommt, packen sie gefühlvoll in ihre Gesangmelodien. Und das wäre nun doch nicht die richtige Single für den Sommer gewesen – einer Zeit, in der für viele Menschen doch eher eine neue Liebe beginnt!

**More Than A Feeling**

Das ist eine der interessantesten Cover-Versionen, die im Laufe der letzten Monate zu hören waren. »More Than A Feeling« – im Original von der Band Boston – ist ein echter Kuschelrock-Klassiker, eine der ganz großen Rockballaden der Musikgeschichte. 'N SYNC interpretieren diesen Song mit dem besten, was sie zu bieten haben – ihrem unschlagbaren, mehrstimmigen Satzgesang. Zur Produktion flogen die Boys Mitte Februar 1997 extra für eineinhalb Tage nach Holland und nahmen den Song im SoundPush-Studio des niederländischen Produzenten Jaap Eggermont auf. Bei »More Than A Feeling« mußten Justin, Lance, JC, Chris und Joey eines der schwierigsten Gesangs-Arrangements des ganzen Albums bewältigen. Mit Bravour: Jaap Eggermont hatte zunächst geplant, wesentlich mehr Instrumente einzusetzen. Als er sich nach den Aufnahmen in Ruhe die Gesangspuren der Boys durchhörte, konnte er kaum seinen Ohren trauen – die Jungs hatten tatsächlich alle wichtigen Instrumenten-Parts mit ihren Stimmen selbst gesungen. Also löschte er Baß, Gitarre und Keyboard fast vollständig aus dem Mix heraus und unterlegte die »Alles mit dem Mund«-Band nur noch mit einer zärtlichen Schlagzeugbegleitung. Für Joey ist das Singen von Cover-Versionen vor allem ein Verneigen vor den Originalinterpreten: »Wir versuchen, uns bei unseren Interpretationen möglichst genau an die Originalversionen zu halten. Wir maßen uns nicht an, zu glauben, daß wir es besser können.«

**I Want You Back**

Für das Album mischte Denniz Pop dem großen Durchbruchs-Hit von 'N SYNC (ähnlich wie bei »Tearin' Up My Heart«) noch ein fetziges Schlagzeug-Intro hinzu. Kurz darauf setzt Justin mit seiner unverwechselbaren Stimme ein. Auch für diesen Song hatten die Boys nur einen Tag gebraucht, um alle Vocals perfekt einzusingen. Denniz Pop baute, wie sich Joey erinnert, sofort auf die Qualitäten der Boys: »Er hat sich zunächst unsere Stimmen angehört. Danach hat er sich eigentlich kaum mehr eingemischt, denn er wußte, daß er unseren Stimmen voll vertrauen konnte.« Zu recht, denn »I Want You Back« hat alles, was ein perfekter Pop-Song braucht: mitreißende Grooves, Ohrwurm-Melodien und eine klare Aussage: »Du bist alles, was ich in meinem Leben wollte, bitte häng den Hörer nicht auf, sag mir, was ich tun soll, denn ich will dich wieder zurückhaben.«

**Together Again**

Wer bei den Glöckchen im Intro an Weihrauch, Plätzchen und Tannenbaum denkt, hat kapiert, worum es geht: Als fünfte Single erscheint »Together Again« zur Weihnachtszeit und ist zugleich 'N SYNCs musikalisches Weinachtspäckchen für die treuen Fans im fernen Deutschland: »Wie kann ich dir sagen, daß ich dich liebe, wenn du so weit weg bist.« Sie hoffen, bald mit ihren Fans »Together Again« zu sein. Produzent Gary Carolla ließ sich für die Gesangaufnahmen von Veit Renn unter die Arme greifen, denn obwohl sich der Song so leichtfüßig-fließend anhört, gehören die schwebenden, mehrstimmigen Vocals zu den wirklich schwer zu singenden Passagen auf dem Album.

**Forever Young**

Mit dem Wusch, auf jeden Fall so lange jung und fit zu bleiben, bis sie gelernt haben, was ihnen die Liebe so alles in ihr Leben bringen kann, verabschieden sich 'N SYNC von ihren Fans. Der Song wurde in verschiedenen Plattenstudios in Berlin und München im Dezember 1996 aufgenommen, war aber auf den 'N SYNC-Tourneen bislang nicht zu hören. JC vertröstet die Fans auf die kommenden Konzerte: »Wir werden zum ersten Mal mit einer echten Liveband touren und auch einige Songs spielen, die wir bisher bei Konzerten noch nicht im Programm hatten.«

# BEST OF MY LIFE

## Das geheime 'N SYNC-Karrieretagebuch: Sieben Monate, die die Welt veränderten

**August 1996**

4.: Justin, Chris, JC, Lance und Joey unterschreiben ihren Plattenvertrag. Kurz zuvor setzten die Manager und der Chef der Plattenfirma ihre Autogramme unter das Vertragswerk.

10.: Mehr als einen Monat vor der Veröffentlichung der Debütsingle »I Want You Back« stehen 'N SYNC bereits das erste Mal auf einer Konzertbühne in

**'N SYNC am 8.8.1996; © Fryderyk Gabowicz/BMG Ariola**

Deutschland: Bei der *PopRocky*-Sommerparty 1996 im Englischen Garten in München überraschen sie die Fans der anderen auftretenden Stars (Masterboy, Construction) mit zwei perfekt gesungenen A-capella-Stücken. Hinterher müssen die Boys eine Stunde lang Autogramme geben.

14. bis 16.: »I Want You Back« wird in nur einem Tag bei Denniz Pop in dessen Stockholmer Cheiron-Studio aufgenommen. An den anderen beiden Tagen werden die meisten Szenen für das Video von »I Want You Back« abgedreht.

28.: *BRAVO* –TV zeichnet den ersten »News«-Beitrag mit 'N SYNC auf.

**September 1996**

11.: *PopRocky* berichtet über 'N SYNCs Auftritt bei der Sommerparty.

12.: *BRAVO* stellt 'N SYNC als die »möglichen Nachfolger der Backstreet Boys« vor.

25.: Der erste große Pressebericht über 'N SYNC erscheint: *PopRocky* berichtet auf einer ganzen Seite über die Aufnahmen von »I Want You Back« in dem Stockholmer Studio von Denniz Pop.

26.: 'N SYNC werden den *Popcorn*-Lesern vorgestellt.

30.: Justin, Lance, JC, Chris und Joey landen in Berlin und verbringen den Tag mit Radiointerviews.

**Oktober 1996**

1.: Radiointerviews in Berlin. Gleichzeitig meldet die Fachpresse den ersten 'N SYNC-Rekord: Obwohl es die Single noch nicht im Laden zu kaufen gibt, wurde »I Want You Back« in der vergangenen Woche schon 103 Mal in Deutschland im Radio gespielt. Die Hitparaden-Ermittler von »media control« sind baff: »Das gab es noch nie!«

2.: 'N SYNC fliegen für Radiointerviews nach München. Eine Seite 'N SYNC-Bericht erscheint in der *BRAVO*.

3.: Weiterreise mit dem Bus nach Köln. Abends Proben bei VIVA.

4.: Endlich kann man 'N SYNC auch im Fernsehen bewundern: In der VIVA-Sendung »Interaktiv – on stage« wird live die Weltpremiere des Videos von »I Want You Back« gefeiert. Zuvor geben die Jungs Interviews im Hotel.

5. Aufzeichnung für »VIVA Wecker«. Weiterfahrt mit dem Bus nach Friedrichshafen. Dort treffen sie zum ersten Mal DJ Bobo, mit dem sie sich sofort richtig gut verstehen.

6.: *BRAVO*-TV berichtet erstmals ausführlich über 'N SYNC.

7.: Das Warten der Fans hat ein Ende: Es gibt die Single »I Want You Back« ab heute im Laden zu kaufen. Der Song schlägt auch als Video voll ein: VIVA und MTV spielen den Hit auf ihrer höchsten Rotationsstufe, und die dritten Programme der ARD senden den Clip bis zum 11. Oktober täglich in der Sendung »Hit Clip«. Auch das Magazin *HIT!* schlägt zu: Doppelseite plus »Songbook«. Am Abend beginnt in der Halle 9 in Friedrichshafen die erste Deutschlandtournee der Band als Anheizer für DJ Bobo.

8.: Konzert im Münchner Zenit. Auch hier einer der Höhepunkte: die A-capella-Version des Boys II Men-Hits »Hard To Say Goodbye To Yesterday«.

9.: Auf VIVA können sich Fans mit 'N SYNC wecken lassen: Der Sender spielt das Video und ein kurzes Interview mit den Boys am Morgen in »VIVA Wecker«. Am selben Tag erscheint ein zweiseitiger Bericht über 'N SYNC in *PopRocky*, und die Jungs spielen in der Saarbrücker Saarlandhalle.

10.: Konzert im Mozartsaal in Mannheim.

11.: 'N SYNC beantworten viele Fragen ihrer Fans live an der *PopRocky*-Hotline. Übernachtung in Baden Baden.

12.: Ein echter Streßtag für 'N SYNC: Um 18 Uhr spielen sie auf der »Popexplosion« von *Popcorn* in Düsseldorf und stehen trotzdem pünktlich um 20 Uhr auf der DJ-Bobo-Bühne in der Gysenberghalle in Herne.

13.: Am Nachmittag Interviews und Fotosessions in Wolfsburg, abends Konzert in der dortigen Congress Halle.

14.: Auftritt in der Emdener Nordseehalle, anschließend noch ein Radiointerview. Übernachtung in Oldenburg. Am Abend kommt ein Fax von der Plattenfirma für die Band im Hotel an. Ein Aufschrei ertönt durch die Halle: »I Want You Back« schoß nur eine Woche nach dem Erscheinen in die Charts!

15.: Ab 15 Uhr Rundfunkinterviews und Fotosessions in Berlin, am Abend Konzert in der Arena.

16.: Von 11 bis 20 Uhr durchgehend Interviews im Hotel »Hafen Hamburg«. Pech für Chris – die Interviews finden ausgerechnet im 10. Stock des Hotels statt:

»Ich habe höllische Höhenangst und fühle mich hier wie ein Burgfräulein, das auf seinen Ritter wartet.« Chris hat Glück im Unglück: Sein Zimmer ist nur im zweiten Stock des Hotels. Hier feiern die Jungs um Mitternacht lautstark den 25. Geburtstag von Chris.

17.: Trotz der Feier stehen 'N SYNC früh auf, denn um 15 Uhr müssen sie mit dem Tourbus schon zum ersten Interview in Köln gefahren sein. 20 Uhr Konzert in der Sporthalle.

18.: 'N SYNC werden den Leserinnen von *BRAVO GIRL* vorgestellt. Abends Auftritt in Luxemburg.

19.: Das ZDF bringt in seiner Samstagsshow »Chart Attack – Just The Best« den ersten 'N SYNC-Bericht. Mittags halten die Jungs in der WOM-Filiale in Freiburg eine Autogrammstunde ab – Tourmanager Mike hat alle Hände voll zu tun, den Ansturm der Fans in geordnete Bahnen zu lenken. Nach etlichen Interviews am Nachmittag Auftritt in der Stadthalle.

20.: Freier Tag mit Übernachtung in Erfurt.

21.: Konzert in der Krefelder Glockenspitzhalle.

22.: Die Live-Qualitäten von 'N SYNC sprechen sich mehr und mehr herum: Die Weser-Ems-Halle in Oldenburg tobt schon bei der Vorgruppe.

23.: Auftritt in der Bielefelder Stadthalle.

24.: Die erste Doppelseite in der *BRAVO* erscheint. Am Abend bleibt den Schwaben die Luft weg: 'N SYNC spielen im Glaspalast in Sindelfingen.

25.: Radiointerview mit dem SDR in Stuttgart, anschließend weiter zum Konzert in der Heilbronner Harmonie.

26.: Nach dem Auftritt in der Hanauer Schärrtnerhalle wird ein Interview für die ZDF-Sendung »Logo« aufgezeichnet.
27.: Konzert in der Sporthalle Aalen.
28.: Kurzer Zwischenstop in München für eine *Pop-Rocky*-Fotosession und einige Interviews, anschließend Weiterfahrt nach Erfurt.
29.: 15 Uhr Interview mit Radio Fritz, abends Auftritt in der Erfurter Thüringenhalle.
30.: Konzert in der Messehalle in Cottbus.
31.: In *Popcorn* erscheint eine zweiseitige 'N SYNC-Homestory. Das *WOM-Journal* interviewt 'N SYNC in Hannover für eine fünfseitige Reportage. Nach der Rückfahrt vom Konzert in der Music Hall wird der 'N SYNC-Tourbus bei der Ankunft vor dem Hotel von derart vielen Fans belagert, daß die Jungs über eine halbe Stunde bis zum Hoteleingang brauchen. Das muß gefeiert werden! Bis in den frühen Morgen hinein verwandeln 'N SYNC die Bar des Maritim-Hotels gemeinsam mit einem guten Dutzend ausgesuchter Fans in einen Partyraum. Höhepunkt der Fete: Justin spielt für zwei Mädchen aus Hannover ein Ständchen auf dem Klavier.

**November 1996**

1.: Konzert in der Chemnitzer Eissporthalle.
2.: Wieder eine Eissporthalle, dieses Mal in Halle.
3.: Die *BRAVO* fotografiert bei dem Konzert in der Rundsporthalle in Baunathal eine Backstage-Story. Es ist der letzte Auftritt der Tournee. 'N SYNC verabschie-

den sich bei DJ Bobo auf ihre eigene Art und Weise: Die Jungs »stürmen« während Bobos Auftritt verkleidet die Bühne und tanzen einen Song lang mit.

4. bis 6.: Im Hamburger Booya-Studio entsteht die dritte Hitsingle von 'N SYNC: »Here We Go«.

7.: Mittags kreuzen die Jungs gutgelaunt bei der BILD-Redaktion Mannheim auf, um eine halbe Stunde lang den örtlichen Fans am Telefon Rede und Antwort zu stehen. Pech: Die Redakteure hatten vergessen, daß gerade Herbstferien sind – nur wenige Mädchen rufen an. Steffi (16) aus Bad Dürkheim will wissen, wie die Boys die Kurpfalz finden. So genau findet sich Lance in Deutschland noch nicht zurecht: »Die kennen wir nur durchs Busfenster!« Am Abend jedoch ist die Hölle los: In der Mannheimer Diskothek Broadway wird die ZDF-Show »Chart Attack« aufgezeichnet. Mario Ziarno, Chefredakteur der Sendung, ist von den Stimmkünsten der Band derart begeistert, daß er 'N SYNC erlaubt, neben »I Want You Back« auch noch einen zweiten Song zu singen. Das A-capella-Stück geht im frenetischen Jubel der Fans fast unter, die Musiker der ebenfalls auftretenden Gruppe Masterboy werden grün vor Neid – sie dürfen nur ein Lied spielen.

8.: 'N SYNC zieren zum ersten Mal ein *BRAVO*-Poster.

9.: Am Mittag wird »Chart Attack« mit 'N SYNCs umjubeltem Auftritt gesendet. Viele Münchner Boygroup-Fans setzen sich daraufhin zur Olympiahalle in Bewegung. Im Rahmen des Sechstagerennens erlebt die Band einen neuen Höhepunkt ihrer Karriere: Mehr als ein Dutzend zusätzliche Ordner sind nötig, um die Jungs durch die Fan-Massen heil zur Bühne in der Saalmitte zu geleiten. Nach dem Auftritt tragen 'N SYNC zum ersten Mal über 100 auf die Bühne geworfene Fan-Geschenke (Liebesbriefe, Stofftiere, Wäscheteile u.s.w.) in die Garderobe. Am Abend muß der 'N SYNC-Chauffeur sämtliche Fahrkünste aufbieten, um die acht Verfolgerautos mit aufgeregten Fans abzuschütteln. Fast eineinhalb Stunden zu spät kommen 'N SYNC in die Gaststätte im Stadtteil Au, in der die Band gemeinsam mit vielen Freunden der Plattenfirma den krönenden Abschluß ihrer ersten großen Karriere-Offensive in Deutschland feiert. Nicht zu lange, denn am nächsten Tag müssen sie früh aufstehen, um ihren Flieger heim nach Orlando zu erreichen.

10.: »I Want You Back« wird »Maxi des Monats« in *HIT!* 'N SYNC entspannen sich zwei Tage bei ihren Familien.

11.: Noch ein Grund zum Feiern: »I Want You Back« schießt auf Platz 10 der Charts – 'N SYNC haben die Top Ten geknackt!

13.: Die Jungs zieren erstmals die Titelseite einer Musikzeitschrift: *PopRocky* hat die Jungs auf dem Cover und die große Geschichte »Mit 'N SYNC auf Elefanten-Safari« im Heft. Die Jungs selbst fliegen an diesem Tag nach Miami, um dort in einem Plattenstudio drei Songs für ihr Debütalbum aufzunehmen. Die Arbeiten in Miami und Orlando dauern bis zum 27. November.

14.: Doppelseite in der *BRAVO* erscheint.
20.: In *PopRocky* gibt es das erste große Faltposter von 'N SYNC.
29.: 'N SYNC fliegen von Orlando nach Warschau/Polen.
30.: Auftritt bei der *BRAVO*-Supershow in Warschau.

**Dezember 1996**

1.: Weiterflug nach München.
2. bis 4.: Interviews und Fotosessions in München.
5.: 'N SYNC fliegen nach Stockholm und nehmen in den Cheiron Studios von Denniz Pop innerhalb nur eines Tages den Nachfolgehit »Tearin' Up My Heart« auf.
6.: Die Boys jetten nach Frankfurt und fahren für eine Aufzeichnung der ZDF-Show »Auf ein Neues« nach Mainz.
7.: 'N SYNC singen ihren Hit in der RTL-Show »Junior Jeopardy«. Am selben Tag wird auch die »Silvester Show« für das ZDF aufgezeichnet.
8.: Ein freier Tag in München.
9.: Fotosessions mit *BRAVO* und *PopRocky*.
10.: Fotosessions und Interviews mit *Kuschelrock* und *Popcorn*, bei der 'N SYNC später von den Lesern zum »Newcomer des Jahres '96« gewählt wird.
11.: 'N SYNC fliegen nach Hannover.
12.: Aufzeichnung der beliebten ZDF-Show »Kinder, Wetten-daß ...«.
13.: Aufzeichnung der ZDF-Sendung »Menschen '96« in Köln. 'N SYNC werden als der »Newcomer '96« von mehreren Hundert Fans im Studio lautstark angefeuert.

14.: Fotosessions in Köln.

15.: 'N SYNC landen in Zürich und geben den ganzen Nachmittag Interviews.

16.: Auftritt bei der TV-Show »Megaherz«. An diesem Tag wird die 250.000ste Single »I Want You Back« verkauft – Gold!

17.: Interviews in Zürich.

18.: Geschafft! Um 12 Uhr fliegen 'N SYNC nach Florida zurück.

19. bis 23.: Plattenaufnahmen im House of Hits-Studio in Orlando, dazwischen täglich mehrere Stunden Tanzübungen mit dem Choreograph Robert Jaquez.

24. bis 27.: 'N SYNC feiern Weihnachten mit ihren Familien. Am 2. Weihnachtsfeiertag treffen sich alle Mütter, Väter, Geschwister und Freunde zu einer großen gemeinsamen Grillparty im Garten des Hauses, in dem JC, Chris und Justin zusammen wohnen. Eine Riesenfete, aber: Die Jungs bleiben strikt ihrem Vorsatz treu, keinen Alkohol zu trinken.

26.: Die ZDF-Show »Kinder-Wetten, daß …?« wird ausgestrahlt.

27.: Der Auftritt in der ARD-Sendung »Goldene Europa« läuft im Fernsehen.

31.: 'N SYNC-Fans in Deutschland beschließen das turbulente erste Jahr der Traumkarriere ihrer Boys vor dem Fernseher und schalten Harald Juhnkes große Silvestershow »Juhnke-Gala« auf SAT 1 ein.

**Januar 1997**

1. bis 11.: Die Arbeit an den neuen Songs für das erste

Album geht in den Parc-Studios in Orlando weiter. Gleichzeitig laufen die Vorbereitungen für den Video-Dreh zur zweiten Single »Tearin' Up My Heart« auf Hochtouren.

12. bis 15.: Unter der Regie der Wiener Videostars Dolezal & Rossacher (bekannt als die »Torpedo Twins«) wird in der alten Lagerhalle »Warehouse 34« in einer dunklen Hafenecke von Miami der Clip für die zweite Single produziert.

13.: Das mehr als 30 Mann starke Filmteam hat alles vorbereitet, die Boys sind nervös. »Das wird unser Schicksalsvideo«, prophezeit Lance. »Die zweite Single ist immer die schwierigste – wenn dieser Song ein Hit wird, haben wir es endgültig geschafft.« Die Jungs von 'N SYNC zeigen sich auch hier als Profis: Konzentriert turnen sie an diesem Tag ihre Tanzszenen vor den Kameras und springen zum krönenden Abschluß für einen waghalsigen Film-Stunt aus acht Meter Höhe herunter. Alle landen sie weich in den dicken Matratzen am Boden, und am Ende des Drehtages sind mehr als zwei Stunden Rohmaterial abgefilmt.

14.: Ein *BRAVO*-Team besucht die Dreharbeiten in der 2.000 Quadratmeter großen Halle. Die Besucher haben Glück: Die Sprungszene von gestern war nicht gut ausgeleuchtet und muß für den *BRAVO*-Fotografen wiederholt werden. Erneut geht alles gut.

15.: Unter den Augen eines angereisten *PopRocky*-Teams gehen die Dreharbeiten mit vielen Detailaufnahmen zu Ende: Justin räkelt sich in einem alten französischen Bett, Joey wiederholt solo ein paar Backflips, und der Rest der Boys mißt seine Kraft an diversen Fitness-Geräten. Kurz vor Mitternacht schwenkt Regisseur Rossacher die Zielfahne – der Clip ist im Kasten.

16. und 17.: Die Plattenaufnahmen werden fortgesetzt.

18. und 19.: 'N SYNC ziehen zwei Tage für eine Foto-Story mit einem *Popcorn*-Team durch Orlando.

20. bis 23.: Letzte Plattenaufnahmen in Orlando.

24.: 'N SYNC freuen sich wie kleine Kinder: Endlich geht es wieder für ein paar Wochen nach Deutschland!

25.: Mehrere Dutzend Fans begrüßen 'N SYNC bei der Ankunft auf dem Düsseldorfer Flughafen. JC ist geplättet: »Woher wissen die nur, daß wir heute hier landen?« Abends Auftritt für die RTL-Show »The Dome« in der Arena in Oberhausen.

26. und 27.: Interviews in Köln. Im Tourbus auf dem Weg von Köln nach Frankfurt singen die Jungs um Mitternacht ein Geburtstagsständchen für Joey – er wird 20 Jahre alt.

28. und 29.: Interviews in Hamburg und Auftritt bei *BRAVO* TV.

30.: Tagsüber Interviews in München. Am Abend gibt es richtig Grund zur Freude: Für weit mehr als 250.000 verkaufte »I Want You Back«-Singles bekommt jeder der Boys vom Chef der Plattenfirma persönlich eine Goldene Schallplatte überreicht. 'N SYNC feiern gemeinsam mit 200 geladenen Gästen im USA-Restaurant »Munich's First Diner« stilgerecht mit Chicken und Cheeseburger. Um Mitternacht geht plötzlich das Licht in dem Lokal aus, und vier der Boys kommen mit einer riesigen Torte aus der Küche. Justin strahlt wie ein Honigkuchenpferdchen, als er die 16 Kerzen auf der Torte ausblasen darf – für jedes Lebensjahr eine. Kurz darauf freut er sich noch mal – das Handy klingelt, und Justins Daddy in den USA wünscht ihm alles Gute. Justin scherzt: »Daddy, bitte warne alle in Orlando, daß ich jetzt bald Auto fahren darf!«

31.: Interview und Fotosession für *Popcorn*. Am Mittag sitzen 'N SYNC bei ihrer Plattenfirma um einen Internet-Computer herum und beantworten bei einem Live-Chat Fan-Fragen aus ganz Deutschland.

**Februar 1997**

1.: 'N SYNC fliegen nach Hamburg und fahren in einem Luxusbus nach Kiel weiter. Dort wartet schon die nächste Auszeichnung auf die Boys: Auf dem Festival des Radiosenders RSH bekommen sie unter den Augen von 8.000 begeisterten Fans den Gewinnerpreis »RSH Gold« überreicht. Die anschließende After-Show-Party mit vielen anderen Popstars geht bis in den frühen Morgen.

2.: Ein TV-Team von RTL schneidet den zweiten Teil der »RSH Gold«-Fete mit. Den Boys ist trotz der langen Nacht keinerlei Müdigkeit anzusehen.

3. und 4.: Interviews und Fotosessions in Holland. Zeitgleich erscheint die größte Presse-Story in der Geschichte von 'N SYNC: volle sechs Seiten in der Zeitschrift *WOM-Journal*.

5.: 'N SYNC arbeiten in einem Münchner Plattenstudio an dem Song »Forever Young«.

6.: Erster Auftritt im Rahmen der Festivaltournee von Radio Regenbogen in der Freiburger Stadthalle. Der Tourbus kommt zuvor mit dreistündiger Verspätung am Hotel Dorint an, wo sich inzwischen mehrere Hundertschaften Fans ungeduldig die Füße vertreten. Trotz des engen Terminplanes nehmen sich die Boys Zeit für ihre Fans, geben Autogramme und lassen sich fotografieren.

7.: Der Regenbogen kommt in die Maimarkthalle nach Mannheim. 'N SYNC spielen am Nachmittag, weil sie abends noch schnell für einen Auftritt bei der *BRAVO*-Supershow in Dortmund vorbeischauen müssen.

8.: Regenbogen-Konzert in der Europahalle in Karlsruhe.

9.: Auftritt in der Offenburger Ortenauhalle.

10.: Die Regenbogen-Tournee geht in der St. Jakobs-Halle in Basel zu Ende. Die zweite Single »Tearin' Up My Heart« erscheint.

11.: 'N SYNC sind bei der VIVA-Sendung »Interaktiv« in Köln zu Gast.

12.: Die Boys jetten nach Holland. Dort wartet der Produzent Jaap Eggermont im SoundPush Studio darauf, daß 'N SYNC unter seiner Regie eine Neufassung des Boston-Rockklassikers »More Than A Feeling« aufnehmen.

13.: Obwohl 'N SYNC für ihre Gesangaufnahmen selten länger als einen Tag pro Song brauchen, wurde für »More Than A Feeling« vorsichtshalber noch ein weiterer Vormittag angesetzt – immerhin ist es eines der schwierigsten Stimmen-Arrangements, das je von der Band aufgenommen wurde. Die Boys knacken auch diese harte Nuß mit links und fliegen am Nachmittag nach Slowenien.

14.: Interviews und Fotosessions in Slowenien.

15.: 'N SYNC fliegen zurück nach Orlando.

16. bis 26.: Große Freude kommt am 18. Februar auf: »Tearin' Up My Heart« ist auf Platz 10 der Charts eingestiegen! Inzwischen arbeiten die Boys, bis die Knochen knacken: Jeden Tag üben sie zwischen acht und zwölf Stunden an ihrer akrobatischen Bühnenshow, mit der sie ab März ihre Fans in Deutschland schwindelig tanzen wollen. Joey spricht den Jungs aus dem Herzen, wenn er am Ende stöhnt: »Am Anfang tat mir jeder Muskel im Körper weh, aber wir haben schnell eine super Kondition bekommen. Außerdem haben wir einen tollen Trick, solche Strapazen zu überstehen: Wir stellen uns einfach die deutschen Girls vor, die bei unseren Shows ausflippen werden.« Am 22. Februar nehmen sich die Jungs dennoch einen Abend zum Feiern frei: Lance hat seinen Highschool-Abschluß mit Prädikat bestanden!

28.: Letzte Tourproben in einer ehemaligen Lagerhalle im holländischen Arnheim. Justin rutscht bei einer Breakdance-Einlage für »Tearin' Up My Heart« aus, fällt dabei auf die rechte Hand und steht mit schmerzverzerrtem Gesicht wieder auf. Der Produktionsmanager Jack rast mit Justin ins nächste Krankenhaus. Bitterer Befund: Der Daumen ist schwer gestaucht, Justin wird die Tour mit eingegipster

Hand durchstehen müssen. Einige Tage später, als die Schmerzen noch immer nicht nachlassen, stellt sich heraus, daß der Daumen sogar angebrochen ist.

**März 1997**

1.: Mit Toni Cottura und Solid Harmonie als Anheizer starten 'N SYNC ihre erste große Deutschlandtournee im Trierer Riverside. Die Boys sind noch nicht hundertprozentig zufrieden: Die Monitorlautsprecher, über die sie sich selbst auf der Bühne hören können, waren nicht richtig ausgesteuert, und auch einige waghalsige Tanzszenen brauchen noch etwas Feinabstimmung. Die Fans (20 Ohnmächtige) merken davon natürlich nichts – 'N SYNC sind längst Vollprofis, die solche Schwierigkeiten lässig meistern können.

2.: 'N SYNC nutzen den Soundcheck, um die Probleme mit der Anlage zu beseitigen. Auch die Choreographie läuft – mit kleinen Änderungen für den Gipsträger Justin – in der CD Kaserne in Celle nun wie geschmiert. 50 ohnmächtige Mädchen müssen ärztlich versorgt werden, Hunderte von Kuscheltieren prasseln auf die Jungs nieder.

3.: Nach einem frenetisch gefeierten Auftritt in Hamburgs Großer Freiheit haben die Boys größte Probleme, unbehelligt den zweiten Termin des Abends zu erreichen: Ein Pulk von Fan-Autos verfolgt den Band-Van quer durch die Hansestadt. Es kommt zu heißen Action-Szenen wie bei einer rasanten Verfolgungsjagd in einem Kinothriller. Rote Ampeln werden überfahren, Reifen quietschen, der Van jagt sogar durch eine gesperrte Fußgängerzone. Da hat der 'N SYNC-Fahrer endlich die rettende Idee: Er hält an, gibt einem wartenden Taxifahrer 20 Mark dafür, daß er sein Taxi zwischen den Van und die Verfolger bringt. An einer Ampel in einer schmalen Straße bleibt das Taxi einfach stehen und blockiert den Fans die Weiterfahrt. 'N SYNC kommen wenig später im Studio des Musikproduzenten Axel Breitung an und können nun in aller Ruhe ihre Gesangbeiträge für die Charity-Hitsingle »Children Need A Helping Hand« aufnehmen. Bei diesem Projekt »Hand In Hand For Children« sind 'N SYNC auch das erste Mal gemeinsam mit ihren Freunden von den Backstreet Boys auf einer Platte zu hören.

4.: TV-Proben in Hamburg für den 'N SYNC-Auftritt im Rahmen der »Echo«-Preisverleihung.

5.: Konzert in der Lichtenfelser Stadthalle.

6.: 'N SYNC sind der klare Abräumer bei dem Festival zur Verleihung des großen Musikpreises »Echo« in Hamburg. Sie selbst bekommen zwar keinen Preis verliehen, ihr Konzert im Hamburger Congress Centrum ist dennoch der Höhepunkt der Feierlichkeiten. Wenige Tage später werden Millionen den Auftritt der Boys im Fernsehen bewundern können.

7.: Vor dem Konzert in der Bonner Bisquithalle haben Tanja, Sabine und Antje (alle 16) die tolle Chance, 'N SYNC hinter der Bühne zu interviewen. Ordner bahnen ihnen den Weg durch 200 eifersüchtig wartende Fans. 'N SYNC bedanken sich am Schluß des

Treffens mit einer spontanen A-capella-Version von »Tearin' Up My Heart« für das Interview.

8.: Auftritt in der Böblinger Kongreßhalle.

9.: Auch in München haben die Sanitäter wieder alle Hände voll zu tun: Mehr als ein Dutzend Fans im Babylon muß medizinisch aufgepäppelt werden.

10.: 'N SYNC bleiben noch einen Tag in München. Die Boys müssen früh aufstehen, denn um neun Uhr geht bereits die »Morning Show« von Radio Gong mit 'N SYNC als Live-Gästen auf Sendung. Ein erfreuter Aufschrei hallt während der Sendung durch die Klasse 11a der Klosterschule »Anger-Gymnasium«: Die Schülerin Vroni gewann einen 'N SYNC-Besuch. Sofort nach der Sendung fahren die Boys in das Kloster an der Blumenstraße und singen dort für die Klasse »Tearin' Up My Heart«. Die Lehrerin Schwester Maria hat zufällig heute Geburtstag – selbstverständlich bekommt sie ein »Happy Birthday«-Ständchen von 'N SYNC. Anschließend geht es weiter zu einer Fotosession mit *Popcorn*, für die sich die Jungs am ganzen Körper mit Goldbronze bemalen lassen müssen. Mitten rein platzt die Meldung: Mit 247.936 verkauften Singles von »Tearin' Up My Heart« steigt der Song auf Platz 5 der Charts, einen Tag später haben sich 'N SYNC schon zum zweiten Mal eine Goldene Schallplatte verdient – da verstanden sie endlich, was es mit der Goldbemalung für *Popcorn* auf sich hatte!

11.: Die Tour geht in der Media Hall in Melle weiter.

12.: Noch eine *PopRocky*-Fotosession.

13.: Konzert in Bautzen (Kulturhaus).
14.: 'N SYNC bleiben ihren Fans in den Neuen Bundesländern treu: In Cottbus spielen sie (nach der Bobo-Tour) nun schon zum zweiten Mal in der Stadthalle.
15.: Wieder Stadthalle, diesmal aber in Gotha.
16.: Konzert in Chemnitz. Justins Daumen heilt nur langsam: »Ich kann zwar vom Handstand bis zum Flip-Flop alles machen, aber ohne Schmerzmittel würde ich das Konzert nicht durchstehen.«
17.: Im Wolfsburger Congress Park tauen sogar die sonst eher reservierten Niedersachsen auf – mehr als zwei Dutzend Sanitätereinsätze!
18.: Aufzeichnung eines 'N SYNC-Gastspieles bei der TV-Show »Tigerentenclub« in Stuttgart.
19.: Zum zweiten Mal in die Schweiz: Volkshaus in Zürich.
20.: 'N SYNC verwandeln die Hugenottenhalle in Neu Isenburg in eine Musiksauna.
21.: Beim Konzert in der Steinheimer Stadthalle kann Justin mit einem nagelneuen Daumenverband auftreten – er hatte sich am Nachmittag im St. Rochus Krankenhaus behandeln lassen. Trotz der starken Belastung bei den Konzerten wird seine Verletzung bald ausgeheilt sein.
22.: Thomas Gottschalk empfängt 'N SYNC bei »Wetten, daß ...« in Wien – die Boys sind begeistert von ihrem ersten Besuch in Österreich.
23.: Der Live-Triumphzug von 'N SYNC endet in der Berliner Arena vor 3.000 Fans, die schon seit dem frühen Nachmittag vor der Halle gewartet hatten,

um später die besten Plätze besetzen zu können. Zuvor sorgen die Boys für den schönsten Tag im Leben der 12jährigen Mascha Prugel aus Reinickendorf: Mit einer riesigen Torte bewaffnet sind sie die Überraschungsgäste bei Maschas Geburtstagsfeier – und singen sogar »Happy Birthday« für sie! Mascha hatte den Traumtreff bei einem Wettbewerb von Radio Energy gewonnen, wußte aber bis zuletzt nichts von ihrem Glück.

24. und 25.: 'N SYNC bleiben noch zwei Tage für Interviews in Berlin. Am Abend wird ihnen offiziell die Goldene Schallplatte für »Tearin' Up My Heart« verliehen.

26.: Auch Belgien ist schon im 'N SYNC-Fieber: Die Boys geben Interviews in Brüssel.

27.: Zurück nach Berlin zur ZDF-»Hitparade«.

28. bis 31.: Am Karfreitag jetten die Boys nach Amsterdam für TV-Auftritte und Interviews. Sie bleiben bis zum Ostermontag in Holland.

**April 1997**

1. und 2.: 'N SYNC nutzen zwei freie Tage in Wien für ausgedehnte Stadtrundfahrten.

3. und 4.: 'N SYNC im Basketballfieber: Bei dem Videodreh für ihre dritte Hitsingle »Here We Go« treten die Boys vor 200 geladenen Fans gegen UAB Wien an, immerhin Spitzenreiter der österreichischen Jugendliga. Anpfiff – und prompt gehen die Wiener in Führung. Doch 'N SYNC kämpfen verbissen und können im zweiten Drittel aufholen. Chris wirft

einen »Windmill-Jam« quer über das Feld in den Korb, das gibt Auftrieb! In einem furiosen Finale peitschen die Fans vor allem Justin zu immer neuen Höchstleistungen an. Am Schluß gewinnen 'N SYNC doppelt: 98:95 gegen UAB Wien – und ein tolles Video für »Here We Go«!

5.: Die Jungs jetten nach Hamburg und spielen dort auf der Party des Radiosenders N-Joy.

6.: Noch immer wartet einige Arbeit an den neuen Songs des Debütalbums auf die Boys – Rückflug nach Orlando.

7. bis 15.: Konzentriert arbeiten die Jungs im House Of Hits-Studio in Orlando an den noch ausstehenden Songs: »You Got It«, »Sailing« und »For The Girl Who Has Everything« bekommen den letzten Feinschliff.

16.: »I Want You Back« bitten die deutschen Fans – und werden erhört: 'N SYNC fliegen zurück nach Deutschland.

17. und 18.: 'N SYNC mischen Baden Baden auf: Ihr Auftritt bei der ARD-Show »Stars '97« wird zum absoluten Höhepunkt der Sendung. Leider kommt es am zweiten Tag zu einem tragischen Zwischenfall: Bei einem spontanen Basketballmatch zwischen 'N SYNC und No Mercy bricht deren Sänger Gabriel mit schmerzverzerrtem Gesicht zusammen – Außenbandriß!

19. und 20.: Darauf werden sämtliche weiblichen 'N SYNC-Fans eifersüchtig sein: *PopRocky* produziert die legendäre Foto-Love-Story, bei der einige ausgewählte Models den Boys doch sehr nahe kommen …

21. und 22.: 'N SYNC spielen bei der »Takito«-Fernsehshow in Zürich.
23. und 24.: Interviews und Fotosessions in Dänemark.
25.: Interviews in Österreich. 'N SYNC bekommen ein Fax mit der Zwischenmeldung: bis heute 372.470 verkaufte Singles von »I Want You Back«!
26. und 27.: 'N SYNC spielen in Ungarn beim »Total Dance Festival«.
28.: Ein Tag im Flieger: Die Boys jetten von Budapest über Frankfurt und Amsterdam nach Cape Town in Südafrika. Fast hätte der Trip abgesagt werden müssen, denn erst in letzter Sekunde stellte die südafrikanische Botschaft Visa für die Jungs aus.
29. und 30.: Heia Safari: Gemeinsam mit einem *BRAVO*-Team gehen 'N SYNC auf »Großwildjagd«. Natürlich nicht mit dem Gewehr – die tierlieben Boys sind tief beeindruckt von den freilebenden Elefanten und Giraffen, die sie bei einer Fotosafari sehen – und zum krönenden Abschluß dürfen sie sogar den zahmen Geparden Charly streicheln, der prompt Joeys Hand freundschaftlich abschleckt!

**Mai 1997**

1. bis 3.: Drei Tage Beach-Urlaub in Südafrika. Am letzten Tag bringen die Kellner im Hotel um Mitternacht eine riesige Sahnetorte herein, auf der Wunderkerzen sprühen. Lance feiert seinen 18. Geburtstag. Die anderen Jungs singen »Happy Birthday«, doch Geschenke gibt es nicht, weil die Boys schon

lange fest ausgemacht haben, sich gegenseitig nichts zu den Geburtstagen zu schenken.

4.: Rückflug nach Europa.

5.: 'N SYNC präsentieren bei VIVA »Interaktiv« am ersten Verkaufstag der dritten Single live die Weltpremiere ihres Hit-Videos »Here We Go«. Noch am selben Abend geht's für ein paar Tage heim nach Orlando.

6. bis 14.: Eine Woche Heimaturlaub wird nur am 12. und 13. von einem VIVA-Team unterbrochen, das eine Homestory mit den Jungs in Orlando abdreht. Am 14. fliegen die Boys wieder Richtung Deutschland ab.

15.: 'N SYNC treten bei »Schreinemakers« in RTL auf.

16.: Aufzeichnung der ZDF-Show »Chart Attack«: 'N SYNC dürfen erneut zwei Songs singen.

17.: 'N SYNCs 40minütiger Auftritt beim großen SWF-Open-Air in Mainz wird zum absoluten Höhepunkt des Festivals – und ist zugleich das bislang größte Konzert in der Karriere der Jungs: 50.000 Fans feiern mit ihren Stars den 50. Geburtstag des Landes Rheinland-Pfalz. Im Laufe des Tages müssen 700 Fans von den Sanitätern versorgt werden. Dr. Stefan Otto, leitender Notarzt vor Ort, nimmt's gelassen: »Sie werden ambulant behandelt, bekommen Wasser und Mineralien – und nach höchstens einer Stunde sind sie wieder draußen!«

18. bis 22.: Interviews und Fotosessions in Finnland, Schweden und Österreich. Am 22. Mai veranstalten die acht größten Rundfunksender Deutschlands einen 'N SYNC-Tag – stundenlang laufen die (noch unbekannten) Songs des Albums über den Äther.

23.: 'N SYNC lassen einen anstrengenden Tag voller Interviews und Fotosessions in einem Münchner Biergarten ausklingen. Dort werden sie natürlich von einigen Fans erkannt – und geben trotz ihrer Müdigkeit bereitwillig Autogramme.

24. bis 26.: Auch die Spanier haben 'N SYNC entdeckt: Interviews in Bilbao und Madrid. Natürlich wissen die Fans in Deutschland, daß der 26. Mai einer der wichtigsten Tage des Jahres ist: Das erste Album von 'N SYNC steht in den Plattenläden!

27. bis 29.: 'N SYNC rühren bei einer internen Veranstaltung ihrer Plattenfirma im mexikanischen Acapulco die Werbetrommel für Südamerika. *PopRocky* und *Popcorn* sind mit Fotografenteams dabei.

30.: Rückflug nach Düsseldorf.

31.: 'N SYNC geben gleich zwei Konzerte: Nach dem Frühstück im Hotel in Düsseldorf-Ratingen fahren sie nach Bremen zum »Happy Family Festival«. Am Abend stehen sie dann Seite an Seite mit den Backstreet Boys, DJ Bobo, Caught In The Act, Mr. President und vielen weiteren Superstars auf der Bühne in Oberhausen – kein Wunder, daß bei der Wohltätigkeitsveranstaltung »Hand In Hand For Children« Dutzende der 14.000 Fans umkippen! Aber es ist ja für einen guten Zweck: Die Stars verzichten auf ihre Gagen und spenden den Ticketerlös (eine Karte kostete 44 Mark) für die Behandlung krebskranker Kinder. Unglaubliche 1.050.000 Mark kommen für die kranken Kids zusammen!

**'N SYNC beim Fotoshooting mit BMG-Promoter Holger Spille im Juni 1997; Foto: privat**

## Juni 1997

1.: Interviews in Köln.

2. bis 6.: Auch in England haben 'N SYNC inzwischen Tausende von Fans. Deshalb stellen sich die Jungs, die sich gleich bei der Anreise schon darüber freuen konnten, daß ihr Album auf Platz 22 der deutschen Charts eingestiegen ist, fünf Tage lang in London den Fragen der britischen Magazine und Fernsehsender.

7.: Wieder ein Tag mit zwei Konzerten: Um 15:30 Uhr spielen die Boys beim »Happy Family Festival« in Berlin, jetten nach dem Auftritt sofort nach Amsterdam, fahren mit einem schnellen Van nach Rotterdam weiter und stehen dort pünktlich um halb elf Uhr abends schon wieder auf der Bühne des Feynoord-Stadions.

8.: 'N SYNC nutzen ihren Hollandaufenthalt für Interviews. RTL2 sendet die Aufzeichnung des »Hand In Hand«-Festivals vom 31. Mai.

9. bis 13.: 'N SYNC begeistern bei einer internen Veranstaltung auf der griechischen Insel Kreta die Manager ihrer Plattenfirma, die aus ganz Europa gekommen waren, um die Boys live erleben zu können. Wichtigste News: Gleich am ersten Tag wird bekannt, daß das Album auf Platz 1 der Charts raste – 'N SYNC sind Number One in Deutschland! Gleichzeitig freuen sich etliche Fans, ausgerechnet auf ihrer Urlaubsinsel Autogramme von den Jungs bekommen zu können.

14.: Auftritt beim »Happy Family« auf dem Mannheimer Maimarktgelände.

15. bis 18.: Konzerte und Interviews in Polen.

19.: 'N SYNC fliegen zu der Aufzeichnung der österreichischen TV-Sendung »Top Sport« nach Wien.

20.: Auftritt beim »Rantarock Festival« in Finnland.

21.: Gemeinsam mit vielen anderen Stars spielen 'N SYNC auf Hamburgs Trabrennbahn bei »Happy Family«. 70.000 sind gekommen – neuer Rekord für die Boys! Zeit zum Feiern nach ihrem Konzert am Nachmittag bleibt nicht, denn um 23 Uhr müssen sie in Korbach bei dem »Radio FFH Festival« als Haupt-Act auf der Bühne stehen.

22.: »Kultursommer«-Festivalauftritt in Aachen. Mit dabei: Tic Tac Toe.
23. bis 26.: Interviews in Bilbao, Madrid und Barcelona.
27.: Auftritt bei dem »Radio PSR Festival« in Kamenz.
28.: Direkt nach dem Konzert um 14 Uhr beim »Antenne Bayern Festival« in Nördlingen rast der Band-Van nach Stuttgart. Dort stehen die Boys um 18:45 Uhr auf der Bühne in den Cannstatter Wasen.
29 und 30.: Zwei Tage Freizeit in München.

**Juli 1997**

1. bis 4.: Interviews in England.
5.: Schon wieder zwei Konzerte an einem Tag: um 13 Uhr »Happy Family« in München (mit Tic Tac Toe, No Mercy und Worlds Apart) und um 21:30 Uhr beim Festival in Quedlinburg.
6. bis 10.: 'N SYNC haben sich zu Weltstars entwickelt: Auch die Boygroup-Fans in Asien liegen den Jungs zu Füßen. Justin & Co wissen, was sie ihren Fans schulden, und besuchen erstmals vier asiatische Länder. Korea macht den Anfang.
11. bis 14.: Vier Tage auf den Philippinen.
15. bis 17.: Die Insel Taiwan ist vom 'N SYNC-Fieber angesteckt. Am 14. Juli kommt die Meldung, daß sich die Boys in der Auswertung der erfolgreichsten Interpreten und Singles Deutschlands im ersten Halbjahr 1997 super plazieren konnten: Sie stehen auf Platz 9 der erfolgreichsten Stars (noch vor den Backstreet Boys – die kommen erst auf Platz 15), und »Tearin' Up My Heart« landete auf Platz 17 der bestverkauften Singles.

18. und 19.: Der Asien-Trip endet in Thailand.

20. bis 31.: Endlich geschafft: 'N SYNC ist fast überall auf der Welt zu einer Wertmarke für tolle Popmusik geworden. Auf allen Kontinenten – sogar in Nordamerika – kennen die Fans ihre Stars Justin, JC, Joey, Chris und Lance. Jetzt haben sich die Boys aber wirklich einen Urlaub verdient! Sie entspannen bei ihren Familien und Freunden in Orlando und haben endlich mal wieder ausgiebig Zeit für ihre Hobbys: Basketball, Baseball, Skaten und Kart-Fahren.

# DANKSAGUNG

Wenn einem so viel Gutes wird beschert, ist das einen extra Dank wert. Ohne folgende Menschen hätte es dieses Buch nicht gegeben:

Diane und Lanston Bass, Silvie Bohla, Jan Bolz, Frauke Brodd, Joshua Chasez, Christian Detzer, Joey Fatone Jr., Lynn Harless, Christopher Kirkpatrick, Susi Menzel, Milka, Andreas von Oertzen, Ruth Schneider, Holger Spille, Justin Timberlake, Anneliese Wagner, Roland Wagner (†) und Johnny Wright.

# DISKOGRAFIE

**Singles**

I Want You Back (7. Oktober 1996)
Tearin' Up My Heart (10. Februar 1997)
Here We Go (5. Mai 1997)
For The Girl Who Has Everything (18. August 1997)

**Album**

'N SYNC (26. Mai 1997) Tearin' Up My Heart; You Got It; Sailing; Crazy For You; Riddle; For The Girl Who Has Everything; I Need Love; Giddy Up; Here We Go, Best Of My Life; More Than A Feeling; I Want You Back; Together Again; Forever Young.

# ADRESSEN

**Fanclub:**
'N SYNC Fanclub
Postfach 0617,
94307 Straubing

**Internet:**
http://www.nsync.com (Offizielle Band-Site)
http://www.bmg.de (Site der Plattenfirma)
http://users.why.net/supergal/nsync/mainzone/ (Die beste Fan-Site mit Chatroom, Soundfiles und einer riesigen Foto-Bibliothek zum Herunterladen!)
http://www.geocities.com/SunsetStrip/Palms/9212/ (Fan-Site)
http://www.geocities.com/SunsetStrip/Towers/6354/ (Foto-Site)
http://www.angelfire.com/ny/NSYNC/index.html (Fan-Site)